共通テスト

新課程 攻略問題集

地理総合

JN022823

教学社

はじめに

『共通テスト新課程攻略問題集』刊行に寄せて

　本書は，2025 年 1 月以降に「大学入学共通テスト」（以下，共通テスト）を受験する人のための，基礎からわかる，対策問題集です。

　2025 年度の入試から新課程入試が始まります。共通テストにおいても，教科・科目が再編成されますが，2022 年に高校に進学した人は，1 年生のうちから既に新課程で学んでいますので，まずは普段の学習を基本にしましょう。

　新課程の共通テストで特に重視されるのは，「思考力」です。単に知識があるかどうかではなく，知識を使って考えることができるかどうかが問われます。また，学習の過程を意識した身近な場面設定が多く見られ，複数の資料を読み取るなどの特徴もあります。とは言え，これらの特徴は，2021 年度からの共通テストや，その前身の大学入試センター試験（以下，センター試験）の出題の傾向を引き継ぐ形です。

　そこで本書では，必要以上にテストの変化にたじろぐことなく，落ち着いて新課程の対策が始められるよう，大学入試センターから公表された資料等を詳細に分析し，対策に最適な問題を精選しています。そして，初歩から実戦レベルまで，効率よく演習できるよう，分類・配列にも工夫を施しています。早速，本書を開いて，今日から対策を始めましょう！

　受験生の皆さんにとって本書が，共通テストへ向けた攻略の着実な一歩となることを願っています。

教学社 編集部

問題選定・執筆協力　足利 亮太郎（甲陽学院高等学校）
　　　　　　　　　　田村 誠（代々木ゼミナール）

も く じ

※大学入試センターからの公開資料等について，本書では下記のように示しています。

　試 作 問 題：[新課程] でのテストに向けて，2022 年 11 月に一部の科目で作問の方向性を示すものとして公表されたテストの全体または一部。

　プレテスト：「センター試験」から「共通テスト」へ変更する際，2017・2018 年度に実施された試行調査。

　　→なお，共通テストは 2021 年度から。それ以前はセンター試験（1990～2020 年度）。

※本書には，2023 年 6 月時点の情報を掲載しています。ただし，統計年次が示されているものについては，その年のデータを使用しています。

※「要点」における各国・各地域の地図の図法は一定ではなく，単元ごとの特性・見やすさに適したものを採用しています。また，一部の海岸線や島嶼部などは簡略化して示しています。

※本書の内容は，2023 年 6 月時点の情報に基づいています。最新情報については，大学入試センターのウェブサイト（https://www.dnc.ac.jp/）等で，必ず確認してください。

本書の特長と使い方

　本書は，2025年より実施予定の新課程における共通テストを受験する人のための対策問題集です。これまでの共通テストからどのような点が新しくなるのか，そしてどのような学習をしていけばよいのか，指針を示しつつ基礎力と思考力の養成もサポートする構成になっています。

››› 共通テスト地理に関する基本知識を身につける

　まず，**「分析と対策」**では，共通テスト地理の問題について，2022年に実施された新課程の試作問題と，2023年までに実施されたその他の問題とを徹底的に比較・分析し，対策で重要となる点を詳しく説明しています。

››› 対策用問題で基礎力と思考力を高める

　現行の共通テストと試作問題の分析をふまえ，プレテストやセンター試験も含む過去問から思考力を養うことができる良問を精選し，収録しています。そのうち，センター試験の過去問の一部には，これからの共通テストを見越して対応できるようになっておきたい内容・形式となるようアレンジを加えています。これらの問題を分野別に整理したのが**「分野別の演習」**の各章です。

　なお，各章の冒頭には**「要点」**を挿入しています。**「要点」**は，基本的な事項を視覚的かつ端的に理解できるよう，半分が地図を見ながら解くいくつかの「Q」，もう半分がポイントの説明という構成になっています。ここで各章のポイントをしっかり押さえたうえで**「問題」**に臨み，実際の試験での問われ方に慣れていきましょう。

››› 過去問と併用でステップアップ

　「分野別の演習」の**「問題」**に取り組んだ後，さらに演習を重ねたい人には，『共通テスト過去問研究』（教学社）などで**過去問**に取り組むことをおすすめします。

　過去問と聞くと1年単位・1セットで解くというイメージもありますが，学習の進度によっては，同書の「過去問INDEX」を活用しながら単元別・設問単位で演習し，本書や教科書に戻って基礎の定着を図るという方法が効果的です。論理的な思考を経て正答にたどり着ける実力が養成されていることを実感できるでしょう。

分析と対策

2025年度の共通テストでは，新課程への移行に伴い，地理の科目名がこれまでの「地理A」「地理B」から「地理総合」「地理探究」に変わります。しかし，出題内容や大問構成などは，旧課程の「地理A」「地理B」の傾向をある程度継承すると考えられます。

ここでは，2022年に公表された試作問題などの資料と，その他に実施された旧課程の過去問（共通テストのプレテストを含む）を比較・分析し，出題傾向の類似点や相違点について解説していきます。さらに，それらをふまえて，本番までの学習の方針を示します。（以下，2022年公表の試作問題については「地理総合，地理探究」を，その他の旧課程の過去問（共通テストのプレテストを含む）については「地理B」を，それぞれ分析しています。）

共通テストの特色

■ 試験時間・問題量

表1．問題量

試験名	大問数	小問数	解答個数
2022年試作問題	6	30	30
2023年度共通テスト	5	30	31
2020年度センター試験	6	35	35

現行の共通テスト地理は試験時間60分で，全問マークセンス方式である。問題量は，大問5題で，約30の解答個数によって構成されている。

2022年に公表された試作問題では大問数が1つ増え6題となった。これは，2020年度まで行われていたセンター試験と同数である。一方，小問数は現行の共通テストと同じ30問，解答個数も概ね同じ30個であった。

■ 大問構成・出題内容

表 2．大問構成・出題内容

試験名	番号	大問構成	出題内容
2022 年 試作問題	〔1〕	地球的課題と国際協力	難民問題
	〔2〕	自然環境と防災	自然環境と防災
	〔3〕	自然環境	世界と日本の自然環境
	〔4〕	資源と産業	人や物，情報の移動からみた産業
	〔5〕	世界地誌	アフリカ
	〔6〕	地域調査	持続可能なまちづくりの探究
2023 年度 共通テスト	〔1〕	世界の自然環境と自然災害	世界の自然環境と自然災害
	〔2〕	資源と産業	資源と産業
	〔3〕	人口・村落・都市・生活文化	日本の人口や都市をめぐる諸問題
	〔4〕	世界地誌	インドと中国
	〔5〕	地域調査	利根川下流域の地域調査
2020 年度 センター 試験	〔1〕	世界の自然環境と自然災害	世界の自然環境と自然災害
	〔2〕	資源と産業	資源と産業
	〔3〕	人口・村落・都市・生活文化	世界の人口・都市
	〔4〕	世界地誌	東南アジア・オセアニア
	〔5〕	比較地誌	中国とブラジル
	〔6〕	地域調査	山梨県甲府盆地周辺の地域調査

　大問構成に注目すると，現行の共通テスト地理は〔1〕が自然環境と自然災害，〔2〕が資源と産業，〔3〕が人口・村落・都市・生活文化，〔4〕が世界地誌，〔5〕が地域調査である。2020 年度のセンター試験までは比較地誌の大問がみられたものの，2021 年度の共通テスト移行時に姿を消した。しかし，2022 年度共通テスト本試験においては〔4〕の世界地誌の大問のなかに中問単位で比較地誌の出題がみられた。また，地域調査の大問は，センター試験・共通テストのいずれにおいても「地理 A」との共通問題となっている。

　2022 年に公表された「地理総合，地理探究」試作問題においては，〔3〕の人口・村落・都市・生活文化が姿を消した。代わりに追加されたのが〔1〕の地球的課題と国際協力，そして〔2〕の自然環境と防災である。これらは「歴史総合」や「公共」とセットで出題される「地理総合」との共通問題となっていた。

　問題文に着目すると，センター試験以来一貫して**「調べ学習」や「アクティブラーニング」を意識した探究的な出題**がみられる〔**出題例 1**〕。たとえば，ある地理的事象について生徒どうしで話し合う場面設定や，特定のテーマについて調べたことを発表資料にまとめるといった場面設定が多用されている。

◆ 出題例1　「調べ学習」問題の典型——2022年度追試験　第2問・問6

問6　製造業のグローバル化について探究してきたゲンさんたちは，先進工業国と新興工業国における製造業のグローバル化による課題とそれに対する企業の取組みについて，次の資料2にまとめた。資料2中の空欄aには先進工業国の取組みを示した語句マとミのいずれか，空欄bには新興工業国の取組みを示した語句PとQのいずれかが当てはまる。空欄aとbに当てはまる語句の組合せとして最も適当なものを，後の①〜④のうちから一つ選べ。　　12

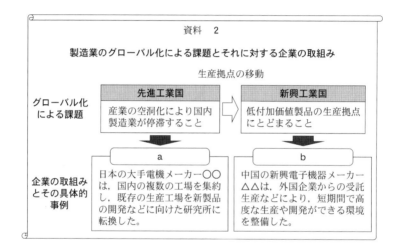

資料　2

製造業のグローバル化による課題とそれに対する企業の取組み

生産拠点の移動

	先進工業国	新興工業国
グローバル化による課題	産業の空洞化により国内製造業が停滞すること	低付加価値製品の生産拠点にとどまること
	a	b
企業の取組みとその具体的事例	日本の大手電機メーカー〇〇は，国内の複数の工場を集約し，既存の生産工場を新製品の開発などに向けた研究所に転換した。	中国の新興電子機器メーカー△△は，外国企業からの受託生産などにより，短期間で高度な生産や開発ができる環境を整備した。

aに当てはまる語句

マ　企業間ネットワークの強化　　　ミ　技術革新の加速化

bに当てはまる語句

P　製品のブランド化　　　Q　高い技術力の獲得

	①	②	③	④
a	マ	マ	ミ	ミ
b	P	Q	P	Q

　調べ学習の設定だからといって，解き方が変わるわけではない。示された地理資料（ここでは製造業のグローバル化の特色）を正確に把握したうえで，資料中の記述などの根拠を考察し，知識と結合して判断していく。

■ 出題のねらいと問われる資質・能力

表3．資料使用数

資料の種類	2022年 試作問題	2023年度 共通テスト	2020年度 センター試験
地図	6	5	6
地形図	5	2	3
分布図	19	19	20
模式図	6	12	2
統計表	3	3	8
グラフ	12	16	22
写真類	4	3	1
その他※	6	1	0
合計	61	61	62

※その他：調べ学習のまとめ資料など。

　共通テストや2022年に公表された試作問題は，センター試験以来の傾向を踏襲して数多くの資料を用いて作問されており，ほとんどが資料問題だと言ってもよいくらいである。そして，その種類もまた多様である。よって，共通テストにおいては，課程の新旧にかかわらず**それぞれの資料から情報を的確に読み取らせ，把握した情報を活用してさまざまな考察や選択・判断を行う能力**を問うことが出題の最も重要なねらいであると言える。また，地理的事象を単に知っているだけでは正解できず，それが生じる**メカニズムを正確に理解し，地理的事象の間に存在する多面的・多角的な相関性を把握しているか**も問われる（例：気候⇔農牧業⇔農場経営や家畜飼育の特色との相関性）。

■ 問題形式・難易度

表4．問題形式別小問数

問題形式	2022年 試作問題	2023年度 共通テスト	2020年度 センター試験
組合せ解答	15	17	12
正誤判定	8	5	7
選択	7	9	16
合計	30	31	35

　解答に際して必要とされる知識自体は，教科書の内容をきちんと理解しておけば十分なレベルのものであるが，**総合的にみると共通テストの難易度は標準～やや難**といえる。

　まず，**小問数の過半が組合せ解答の設問**となっており，**正確な理解・思考ができていないと正解・得点できないように工夫されている**ことが理由の一つとして挙げられる。また，多様な地理資料や複数の地理資料を活用して情報を把握したり，把握した情報を活用してさまざまな考察や選択・判断を行ったりすることを求める設問も，センター試験から共通テストへの移行に伴い増加している〔**出題例2**〕。

　このような思考力重視の出題は，新課程への移行後も引き継がれると予想される。現行の共通テストと同様，小問1つの正解を判断するのに時間を要することになるだろう。

◆ 出題例2　情報を把握し，活用する

―――2021年度本試験（第1日程）　第1問・問1

問1　各地の雨温図の特徴に影響を与える気候因子を確認するために，コハルさんの班は，仮想的な大陸と等高線および地点**ア～カ**が描かれた次の資料1を先生から渡された。これらの地点から2地点を選択して雨温図を比較するとき，海からの距離による影響の違いが強く現れ，それ以外の気候因子の影響ができるだけ現れない組合せとして最も適当なものを，下の**①～④**のうちから一つ選べ。　 1

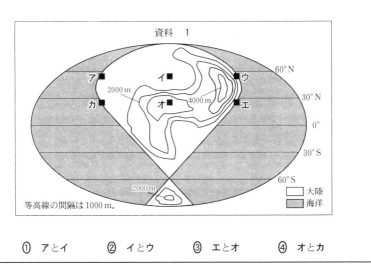

資料　1

①　アとイ　　　**②　イとウ**　　　**③　エとオ**　　　**④　オとカ**

　本問は，資料を多角的な視点で読み解いて思考・考察する問題の典型である。資料1から，①緯度の違い，②標高の違い，③隔海度の違いの3点を読み取り各地点の気候の特徴を把握しつつ，問いの要求に応えなくてはならない。図自体が1つであっても，把握すべき情報量は多い。そのうえ，組合せ解答の問題になっているのも共通テストならではの特徴といえよう。

新課程の共通テストに向けて

■ 問われる内容

　2022 年に公表された試作問題の大問は，**現行の共通テストと重複するものが過半を占めている。**小問単位でも，現行の共通テストにみられる，**資料を活用して地理的思考力を測る問題と類似した出題が少なくない。**そして現行の共通テストも，同様に過去のセンター試験と共通する 5 つの大問で構成されており，その類題も少なくない。

　ここまで述べてきたように，現行の共通テストは問題量，大問構成，難易度などにおいて，センター試験から少しずつ変化し現在の形になっている。この事実から明らかなように，**共通テストは新課程への移行後も，大筋ではセンター試験や旧課程の共通テストを継承する出題内容になると予想される。**

　ただ，新課程への移行後は，これまで以上に**身の回りの地理的事象や世界の諸問題について，既習事項と結び付けて考えられるか**が重要となってくる点に留意したい。2022 年に公表された試作問題のように，地理総合との共通問題の出題が予想される大問 1 と 2 には，特にこのような特色が強く表れることになるだろう。

■ とるべき対策

　新課程の共通テストに向けた対策として重要となるのは，センター試験やプレテストも含めて過去の「地理 B」「地理 A」の出題例をフル活用して，(1)**基本的な地理的事象を論理的に理解して知識を涵養すること，**(2)**多様な地理資料から迅速・正確に情報把握を行う情報処理能力を涵養すること，**(3)**前述の(1)・(2)の両者を結合させる思考力を涵養すること，**以上 3 点である。次にその具体例を示すので，参考にしてもらいたい〔**出題例 3**〕。また，自然災害や環境問題，時事などに関心を払い，その地理的な要因について論理的に思考する習慣をつけておくことが望ましい。

◆◆ 出題例3　論理的に選択肢を絞る──第1回プレテスト　第5問・問1

第5問　関東地方の高校に通うサクラさんは，親戚が住んでいる静岡県中部（図1とその周辺）の地域調査を行った。この地域調査に関する下の問い（**問1〜6**）に答えよ。

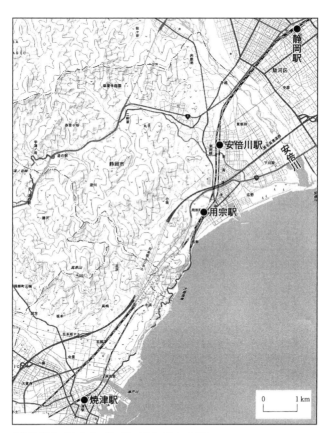

地理院地図により作成。第5問の地図はすべて同様。

図　1

図　2

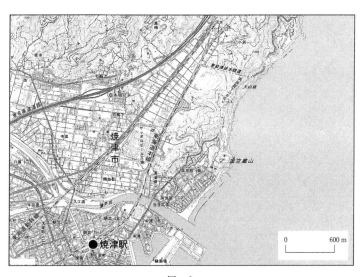

図　3

問 1 サクラさんは，静岡駅で新幹線を降り，親戚の住む焼津市を訪れるために，
図 1 中の静岡駅を午前 10 時に出発した列車に乗り，焼津駅までの車窓からの
景観を観察した。図 2 は安倍川駅付近の拡大図であり，図 3 は用宗－焼津間の
拡大図である。車窓からの景観を説明した文として最も適当なものを，次の
①～④のうちから一つ選べ。　25

① 静岡駅を出て安倍川を渡る際に地形図と見比べたところ，地形図で示された位置と，実際に水の流れている位置が異なっていた。

② 図2の安倍川駅を出発すると，車窓の進行方向の右側に山地が見え，市街地より山側の斜面は全体が針葉樹林に覆われていた。

③ 用宗駅付近を走行している際に，日差しは進行方向の右側から差し込んでいた。

④ 用宗－焼津間のトンネルを出た所からビール工場までの間，進行方向の左側に海が見えた。

　ここでは，選択肢③に着目して正誤判断のプロセスを確認してみよう。まず，列車が静岡駅を出発した午前10時頃は，太陽が南中する前なので，日差しは東側から差し込んでくる（＝**(1)基本的な地理的事象の論理的な理解**）。さらに，図1から，静岡駅と用宗駅の間の東海道本線の距離が約6〜7kmであることを把握する（＝**(2)多様な地理資料からの迅速・正確な情報把握**）。静岡駅を午前10時に出発した東海道本線の列車が用宗駅付近に到達するのは午前10時10分前後となるはずなので，日差しは東側，すなわち列車の進行方向左側の海の方から差し込んでくると考えられ，誤文と判断できる（＝**(3)前述(1)・(2)の結合**）。

 # 学習のポイント

≫知らない用語，地名などに遭遇したら……
　→教科書，用語集，地図帳などで確認し，知識の幅を広げよう！
　　オススメ　教科書，『地理用語集』（山川出版社），地図帳

≫地理資料から迅速に情報を読み取って把握するためには……
　→まずは教科書や地図帳，統計集などを用いて，地理資料から情報を読み取る基本的な技能を身につけておこう！　また，経験値を高めておくことが必要なので，過去問も活用し，示された地理資料が問題のテーマにどう関わってくるのかを考えながら，十二分に演習を積もう！　地理的に正確・適切な思考と考察の手法を習得することが重要である。
　　オススメ　教科書，地図帳，『データブック オブ・ザ・ワールド』（二宮書店），
　　共通テスト・センター試験の過去問

受験生の皆さんへ
―先生からの応援メッセージ―

足利 亮太郎 先生

　文字通りに，理屈にしたがって考えれば，知らない土地の様子でも想像できるところが，地理の醍醐味です。共通テストでも，こうした思考力が要求されますが，そこで必要になる理屈を身につけるには，日頃から「なぜだろう？」と疑問をいだき，それを解消しようという姿勢で学習することが大切です。

　共通テストのもう一つの特徴は，さまざまな資料や会話などの文章が多用されることで，皆さんは情報を正しく読み取る必要があります。しかも1問あたりに費やすことのできる時間は2分程度なので，情報を処理する速度がカギになります。本書で演習を繰り返すことは，思考力とともに情報を処理する力の向上にきっと役立つはずです。

田村 誠 先生

　「地理は科学」なので，用語や地名をいくら暗記してもモノにはならない。「さまざまな地理現象が引き起こされるメカニズムをしっかり理解する」こと，そして，その理解に基づいて「どのような影響が誘発されるのか，また，どのような対策・対処が必要なのか等をきちんと思考・考察する手法を習得する」ことが必要なのだ。もちろん，共通テスト地理の出題もこのような観点で作問されている。この点をしっかり理解し，「砂漠に水を撒くような地理学習もどき」を回避して，貴重な時間とエネルギーを有効利用してもらいたい。また，その一助となるよう構成した本書を活用し，共通テスト地理での高得点獲得を実現してもらいたい。諸君の奮闘を祈念している！

分野別の
演　習

第1章　自然環境と自然災害　要　点

 地形

>>> **地図で確認！**

Q1 山脈（①〜⑧）と海溝・海嶺（A〜E）の名称は？

Q2 P〜Sで示された地域に発達する地形はエスチュアリー，カルスト地形，ケスタ地形，三角州，フィヨルド，リアス海岸のいずれ？

Q3 アジア，アフリカ，ヨーロッパの高度別面積の割合を示したものはX〜Zのいずれ？

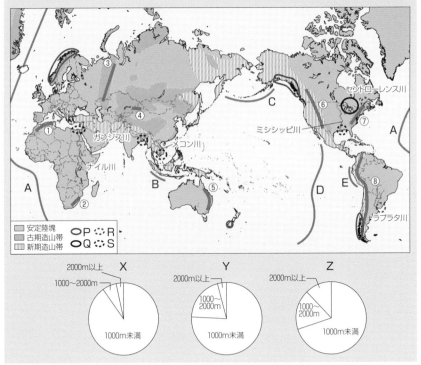

>>> ここがポイント！―大地形と小地形の特色

● 大山脈が存在するのは新期造山帯地域と古期造山帯地域

→ 新期造山帯地域（**アルプス=ヒマラヤ造山帯**と**環太平洋造山帯**）はプレートの狭まる境界

● **オーストラリア**は，新期造山帯地域が存在しない唯一の大陸

→ 東部（**グレートディヴァイディング山脈**）は古期造山帯，中西部は安定陸塊

● プレートの狭まる境界の沈み込み帯には海溝が発達（海溝に沿って**弧状列島**も発達）

● プレートの広がる境界には海嶺が発達（**アイスランド島**は海嶺上に形成された火山島）

● プレート境界（広がる，狭まる，ずれる境界）は変動帯（＝**地震帯**，**火山帯**）

→ 火山活動が特に活発な場所は，広がる境界，狭まる境界の沈み込み帯，ホットスポットの３つ

● 海岸地形は沈水海岸（出入りに富む海岸線が発達）と離水海岸（単調な海岸線が発達）に大別

● **フィヨルド**（氷食谷が沈水），**リアス海岸**（河谷が沈水），**エスチュアリー**（河口部が沈水）が沈水海岸地形の代表例

● **海岸段丘**と**海岸平野**が離水海岸地形の代表例

● 河口沖の浅海底だった部分が埋積されて形成された低平な地形が三角州

→ ナイル川河口部は**円弧状**，ミシシッピ川河口部は**鳥趾状**，テヴェレ川河口部は**尖（カスプ）状**の三角州

● 山地から土石流によって運搬されてきた土砂が山麓部に堆積した地形が扇状地

→ **扇央部**は乏水地で開発が遅れ，**畑・果樹園**が卓越

→ **扇端部**は湧水帯で列状村が形成され，**水田**が卓越

● カルスト地形は石灰岩が雨水で溶食されて形成（**ドリーネ**，**ウバーレ**，**ポリエ**，**鍾乳洞**など）

● ケスタ地形は**パリ盆地**や**五大湖周辺**などに分布する階段状の侵食地形

解答 **Q1** ①アトラス山脈 ②ドラケンスバーグ山脈 ③ウラル山脈 ④テンシャン山脈 ⑤グレートディヴァイディング山脈 ⑥ロッキー山脈 ⑦アパラチア山脈 ⑧アンデス山脈 A：大西洋中央海嶺 B：スンダ（ジャワ）海溝 C：アリューシャン海溝 D：東太平洋海嶺 E：ペルー海溝 **Q2** P：フィヨルド Q：ケスタ地形 R：エスチュアリー S：三角州 **Q3** アジア：Z アフリカ：Y ヨーロッパ：X

■ 気候・植生・土壌

⟫⟫⟫ 地図で確認！

Q1　A～Cの各地域に発達する植生の呼称，D～Fの各地域に広がる砂漠の名称は？

Q2　①～⑥の各地点で観察される気候の特色を示したものはア～カのいずれ？

Q3　②・④・⑤の各地点に分布する土壌の名称は？

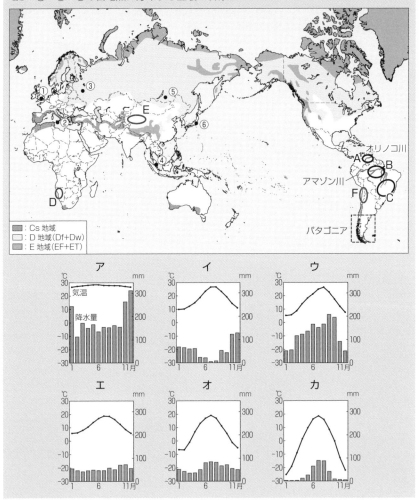

>>> ここがポイント！―気候・植生・土壌の特色

熱帯	Af	熱帯雨林気候	シンガポールなど，一年中熱帯収束帯の支配を被る赤道直下に広く分布
	Am	弱い乾季のある熱帯雨林気候	アマゾン盆地東部など，局地的に分布
	Aw	サバナ気候	ホーチミンなど，Af 地域の周辺部中心に分布
乾燥帯	BW	砂漠気候	カイロなど，一年中亜熱帯高圧帯の支配を被る回帰線付近中心に分布
	BS	ステップ気候	ニアメなど，BW 地域の周辺部に分布
温帯	Cfa	温暖湿潤気候	東京など，季節風の影響を被る中緯度地方の大陸東岸中心に分布
	Cw	温暖冬季少雨気候	香港など，Cfa 地域の低緯度側中心に分布
	Cfb	西岸海洋性気候	パリなど，偏西風の影響を被る中緯度地方の大陸西岸中心に分布
	Cs	地中海性気候	ローマなど，Cfb 地域の低緯度側中心に分布
亜寒帯 (冷帯)	Df	亜寒帯湿潤気候	モスクワなど，北半球の高緯度地域に広く分布
	Dw	亜寒帯冬季少雨気候	イルクーツクなど，ユーラシア大陸東部地域だけに分布
寒帯	ET	ツンドラ気候	バローなど，北極海沿岸地域中心に分布
	EF	氷雪気候	南極大陸とグリーンランド島内陸部に分布

● 熱帯気候（Af・Am・Aw）は最寒月平均気温が 18℃以上
　➡ ラトソル（赤色土）が分布し，赤道直下に Af（年中多雨でジャングルやセルバなどの
　　密林が発達），その周囲に Aw（低日季が乾季で疎林と熱帯長草草原が発達）が出現
● 乾燥帯気候（BS・BW）は世界の陸地面積の約 4 分の 1 を占める
● 回帰線砂漠，海岸砂漠，雨陰砂漠，内陸砂漠が砂漠の 4 類型
　➡ 回帰線砂漠はサハラ砂漠，内陸砂漠はタクラマカン砂漠が代表例
● 海岸砂漠は寒流の影響で亜熱帯地方の大陸西岸に分布（アタカマ砂漠やナミブ砂漠など）
● 雨陰砂漠は偏西風が大山脈で妨げられた風下側地域（パタゴニアなど）に分布
● 温帯気候（Cfa・Cw・Cfb・Cs）は最寒月平均気温が – 3～18℃
　➡ Cfa・Cw は季節風の影響が強い大陸東岸側，Cfb・Cs は偏西風の影響が強い大陸西
　　岸側に広く出現
● Cs 地域は 5 か所（地中海沿岸，アメリカ合衆国太平洋岸，ケープ地方，チリ中部，オー
　ストラリア南部）
　➡ 地中海沿岸には石灰岩が風化したテラロッサ（赤色土）が分布
● 亜寒帯（冷帯）気候（Df・Dw）は最寒月平均気温が – 3℃未満
　➡ ポドゾル（灰白色土）とタイガ（針葉樹の純林）が分布
● 寒帯気候（ET・EF）は最暖月平均気温が 10℃未満
　➡ ET は最暖月平均気温が 0～10℃で，夏に地衣類や蘚苔類が生育
　➡ アラスカ北部でイヌイット，スカンディナヴィア半島北部でサーミがトナカイを飼育
● テラロッサのほか，デカン高原のレグール（玄武岩が風化した黒色土で綿花地帯を形成），
　ブラジル高原南東部のテラローシャ（玄武岩や輝緑岩が風化した赤色土でコーヒー栽培地
　帯を形成）が間帯土壌の代表例

解答 **Q1** A：リャノ　B：セルバ　C：カンポ・セラード　D：ナミブ砂漠
E：タクラマカン砂漠　F：アタカマ砂漠　**Q2** ①エ　②イ　③オ　④ア　⑤カ　⑥ウ
Q3 ②テラロッサ　④ラトソル　⑤ポドゾル

第1章 自然環境と自然災害 問 題

1 次の図1を見て，世界の自然環境に関する下の問いに答えよ。

（編集部注） 図には一部設問と関係のない記号も含まれている。

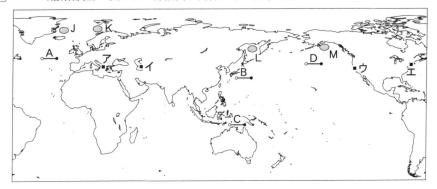

線A〜Dの実距離は等しい。 　　　図　1

（1）地球には多様な海底地形がみられる。次の図2中の①〜④は，図1中の線A〜Dのいずれかに沿った海底の地形断面を示したものである。線Bに該当するものを，図2中の①〜④のうちから一つ選べ。ただし，深さは強調して表現してある。

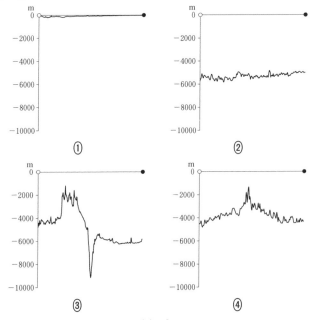

図　2

（２）次の図３は，いくつかの地点における最寒月と最暖月の月平均気温，および最少雨月と最多雨月の月降水量を示している。図３中のＰ〜Ｓは，図１中に示した地点ア〜エのいずれかであり，下の会話文はミカさん，ジュンヤさん，ハルカさんの３人が図３について話し合った内容を記したものである。会話文中の下線部①〜④のうちから，適当でないものを一つ選べ。

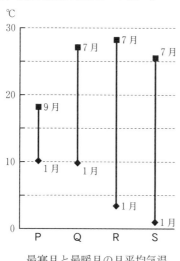

最寒月と最暖月の月平均気温

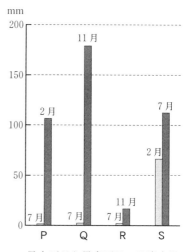

最少雨月と最多雨月の月降水量

気象庁の資料により作成。

図　３

ミ　　カ　「Ｐは最暖月の月平均気温が他の都市と比べて低いことが特徴的だね」

ジュンヤ　「夏の気温が低いＰは，①沖合を寒流が南に向かって流れているウだと思うな」

ハルカ　「Ｑの降水量は，Ｐと同様に冬に多そうだけど，７月頃は極端に少ないね」

ミ　　カ　「ＰやＱにみられる夏の乾燥は，きっと②亜熱帯高圧帯（中緯度高圧帯）の影響によるものだよ」

ジュンヤ　「ところでＲは，最多雨月でも月降水量が20mm程度しかないよ」

ハルカ　「一年中降水量が少ないＲは，③大洋と隔てられた内陸に位置するイじゃないかな」

ミ　　カ　「ＳはＲと同様に気温の年較差が大きいけれど，冬でも降水量が多いよね」

ジュンヤ　「Ｓは④亜寒帯（冷帯）湿潤気候区に位置するエじゃないかな」

〔2017年度本試 地理Ｂ・改〕

2 次の図は，世界におけるいくつかの植生の面積を緯度5度ごとに示したものであり，①～④は，常緑広葉樹林，針葉樹林，落葉広葉樹林，裸地（砂や岩など）のいずれかである。落葉広葉樹林に該当するものを，図中の①～④のうちから一つ選べ。

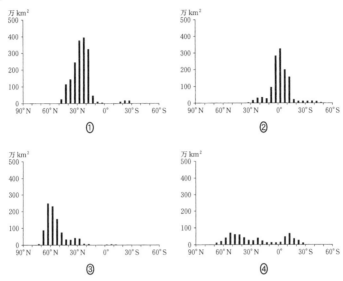

Geospatial Information Authority of Japan, Chiba University and collaborating organizations の資料などにより作成。

〔2015年度追試 地理B〕

3 次の図1を見て，世界の自然環境に関する次の問いに答えよ。
（編集部注）　図には一部設問と関係のない記号も含まれている。

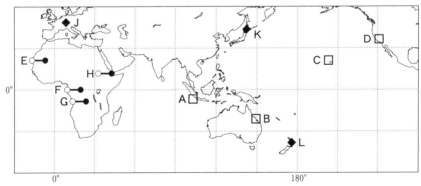

緯線・経線は30°間隔。

図　1

　湖沼の成因は，湖岸線形状と周辺地形の特徴から特定できる場合がある。次の図2は，図1中のJ〜Lにみられるいくつかの湖沼の衛星画像を示したものであり，次のア〜ウの文は，J〜Lのいずれかの成因を説明したものである。J〜Lとア〜ウとの正しい組合せを，次の①〜⑥のうちから一つ選べ。

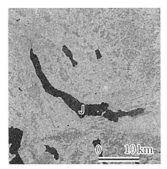

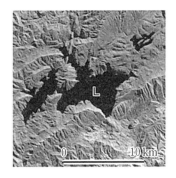

黒色の部分が水面にあたる。
United States Geological Survey の資料により作成。

図　2

ア　火山噴火によって形成されたカルデラ内に水がたまった。
イ　地すべりや山くずれによる土砂が河川を堰き止めた。
ウ　氷食作用によって形成された谷に水がたまった。

	①	②	③	④	⑤	⑥
J	ア	ア	イ	イ	ウ	ウ
K	イ	ウ	ア	ウ	ア	イ
L	ウ	イ	ウ	ア	イ	ア

〔2016 年度本試　地理B〕

4 次の図1を見て，世界の自然環境と自然災害に関する下の問いに答えよ。

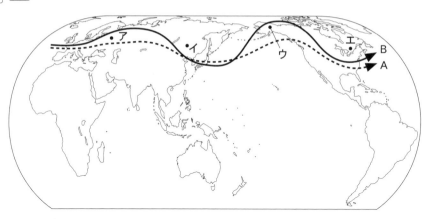

NOAA の資料などにより作成。

図　1

　上空の偏西風（ジェット気流）の蛇行は，地上の気温変化に影響を与える。図1中のAとBは，北極周辺のジェット気流の蛇行を模式的に示したものであり，Aは平年の12月の位置を，Bは蛇行の大きかった2017年12月の位置を示したものである。また，図1中のア〜エは，2017年12月の月平均気温が平年より高い地点か低い地点*のいずれかである。平年より高い地点に該当する組合せとして正しいものを，次の①〜⑥のうちから一つ選べ。

*平年値から3℃以上高いまたは低い地点。

① アとイ　　　　② アとウ　　　　③ アとエ

④ イとウ　　　　⑤ イとエ　　　　⑥ ウとエ

〔2020年度追試 地理B・改〕

5 次の図1を見て，世界の土砂災害と人間活動に関する下の問いに答えよ。
（編集部注）　図には一部設問と関係のない記号も含まれている。

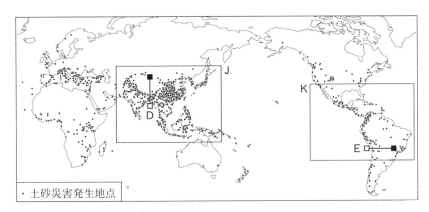

Froude and Petley（2018）により作成。

図　1

（1）マキさんたちは，図1から「土砂災害を発生させる要因は山脈の地形的特徴にあるのではないか」という仮説を立て，世界の山脈について調べることにした。次の図2中のアとイは，図1中の線DとEのいずれかに沿った地形断面である。また，下の文GとHは，図1中の線DとEのいずれかが横断する山脈について述べたものである。図1中の線Dに該当する図と文との組合せとして最も適当なものを，下の①〜④のうちから一つ選べ。

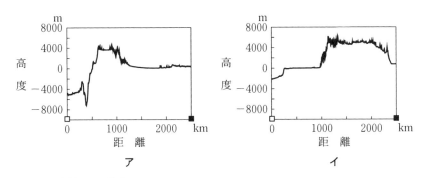

NOAA の資料により作成。

図　2

G　海洋プレートが沈み込む変動帯にあり，火山が多い。

H　大陸プレートどうしが衝突する変動帯にあり，褶曲（しゅうきょく）や断層が多い。

	①	②	③	④
図	ア	ア	イ	イ
文	G	H	G	H

（2）マキさんたちは，土砂災害が多発している東アジアにおける人間の営みと土砂の流出との関係について調べることにした。先生から提示された次の図3は，黄河から海への土砂流出量の変化を示したものである。図3で示された土砂流出量の変化について，その背景と影響をマキさんたちがまとめた下のカード①〜④のうちから，**適当でないもの**を一つ選べ。

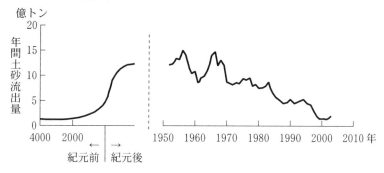

Wang et al.（2007）により作成。

図　3

紀元後に黄河流域における人間活動が活発化し，土砂流出量の増加をもたらした。 ①	1960年代半ば以降に土砂流出量の減少傾向が続き，海岸侵食のリスクが増大した。 ②
黄河流域における水力発電需要の増加が，土砂の流出を促進した。 ③	黄土高原における植林などの土壌保全が，土砂の流出を抑制した。 ④

〔2021年度本試② 地理B・改〕

6 地球の歴史の中で，自然環境は変化し続けてきた。次の図は最近 10 万年間の気温変化を模式的に示したものである。図中の P の時期に関連したことがらについて述べた文として適当でないものを，下の ①〜④ のうちから一つ選べ。

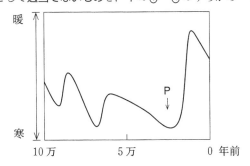

縦軸の寒暖の気温差は約 10 ℃。
松岡憲知ほか編『地球環境学』により作成。

① 海岸線が現在より沖合に存在していた。

② 森林限界が現在より標高の高い地域に分布していた。

③ 大陸氷河（氷床）が現在より低緯度側に広がっていた。

④ ツンドラが現在より低緯度側に広がっていた。

〔2017 年度追試 地理B〕

7 次の図1を見て，世界の自然環境と自然災害に関する下の問いに答えよ。
（編集部注）　図には一部設問と関係のない記号も含まれている。

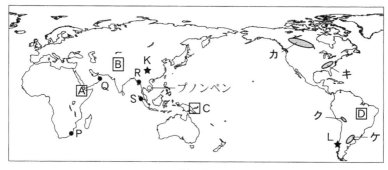

図　1

　次の表1は，図1中のA〜Dのいずれかの地域*における火山の数と，1991年
〜2010年に発生したマグニチュード4以上の地震発生数を示したものである。Bに
該当するものを，表1中の①〜④のうちから一つ選べ。
*それぞれの面積は等しい。

表　1

	火山の数	地震発生数
①	69	480
②	47	9,965
③	0	4,681
④	0	3

Smithsonian Institution の資料などにより作成。

〔2016年度追試　地理B〕

8 世界各地で発生した天候異変について述べた次の文aとbの下線部の正誤の組
合せとして正しいものを，下の①〜④のうちから一つ選べ。

a　1991年にフィリピンのピナトゥボ火山が噴火した時には，大量の火山灰が放出
　されて大気中をただよい，北半球で平均気温の上昇が観測された。

b　1997年から1998年にかけてエルニーニョ現象が発生した時には，アメリカ合衆
　国の西部では多雨，東南アジアでは高温・少雨の傾向がみられた。

	①	②	③	④
a	正	正	誤	誤
b	正	誤	正	誤

〔2012年度本試　地理B・改〕

9 自然災害の予測には，過去の絵図が参考になることがある。次の図は，ある地域の地形の概要と江戸時代の絵図であり，おおまかに同じ範囲を示している。この地域の地形と自然災害の要因となる自然現象との関係について述べた文として下線部が**適当でないもの**を，下の①～④のうちから一つ選べ。

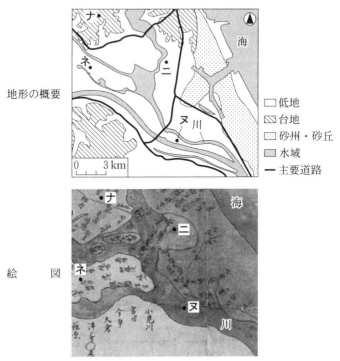

『常陸国絵図』などにより作成。

① ナは台地なので，低地と比べて地震の時に揺れが大きくなりにくい。

② 二は水域を広く埋め立てた場所なので，地震の時に液状化が起きやすい。

③ かつて川だったヌは，洪水の被害を受けやすい。

④ 昔から陸地だったネは，洪水の被害を受けにくい。

〔2018 年度本試 地理Ａ〕

10 次の図は，2000年から2010年の期間における森林面積の増減率を示したものである。図から読み取れることがらとその背景について述べた文として下線部が適当でないものを，下の①〜⑥のうちから二つ選べ。

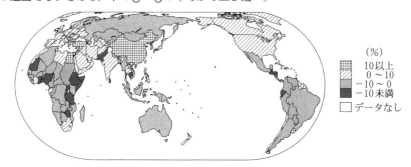

FAOの資料により作成。

① インドネシアでは森林面積が減少しているが，これは<u>農園の造成などの目的で熱帯林が伐採されている</u>ためである。

② オーストラリアでは森林面積が減少しているが，これは<u>干ばつの影響などにより森林火災が頻発した</u>ためである。

③ カナダでは森林面積が増加しているが，これは<u>主にアグロフォレストリーの普及に伴って人工林の育成が進んだ</u>ためである。

④ 中国では森林面積が大きく増加しているが，これは<u>主に政府の政策により植林面積が拡大した</u>ためである。

⑤ ナイジェリアでは森林面積が減少しているが，これは<u>人口爆発を背景に薪炭材などの伐採が進んだ</u>ためである。

⑥ ブラジルでは森林面積が減少しているが，これは<u>主に露天掘りによる大規模な炭田開発が進められた</u>ためである。

〔2014年度本試 地理B・改〕

11 次の図1を見て，また下の先生と生徒の会話文を読み，下の問いに答えよ。
（編集部注） 図には一部設問と関係のない記号も含まれている。

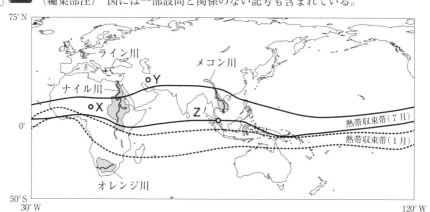

河川周辺に示された範囲は，当該河川の流域を示す。

吉良（1983）などにより作成。

図　1

先　生　「図1は熱帯収束帯が形成される範囲を示しています。熱帯収束帯では積乱
　　　　雲が次々と発生していて，赤道低圧帯とも呼ばれます」

生　徒　「どうして熱帯収束帯では積乱雲が発生するのですか？」

先　生　「赤道付近では南北からの風が収束していて，また太陽からのエネルギーを
　　　　多く受けることから，激しい対流活動や上昇気流が生じているためです」

生　徒　「赤道付近が熱帯雨林気候（Af）になるのは，熱帯収束帯の影響なのですね」

先　生　「その通りです。熱帯雨林気候だけでなく，その他の熱帯地域や周辺地域の
　　　　気候も熱帯収束帯に影響を受けています」

（1） 会話文中の下線部に関して，そのように考えられる根拠を述べた文として**適当
でないもの**を，次の①～④のうちから一つ選べ。

① アフリカのサヘル地域では，干ばつの被害を受けることがある。

② インド洋の沿岸地域では，暴風雨をもたらす熱帯低気圧が襲来することがある。

③ 熱帯雨林気候に隣接する地域では，雨季と乾季がみられる。

④ 北西太平洋に面する中緯度地域では，モンスーン（季節風）が卓越する。

（2）次の表1中の①～④は図1中のオレンジ川，ナイル川，メコン川，ライン川の
いずれかの河川の河口付近における年流出高*と，流量が最大になる月を示したもの
である。ナイル川に該当するものを，表1中の①～④のうちから一つ選べ。

*1年間の河川総流出量を流域面積で除し，水深に換算したもの。

表　1

	年流出高（mm）	流量が最大になる月
①	618	9　月
②	436	1　月
③	14	7　月
④	9	3　月

Global Runoff Data Centre, University of New Hampshire の
資料により作成。

〔第1回プレテスト　地理B・改〕

第1章　自然環境と自然災害　　解答

1 （1）　正解は③

▤ プレート境界を想起して各所の海底地形をイメージできる力を測る。

図1中，線A〜Dにみられる海底地形の特徴を考えよう。Aは大西洋北部の中央付近に位置し，アイスランド島に続く**大西洋中央海嶺**が通っている。Bは日本列島南東部に位置し，日本海溝に続く**伊豆小笠原海溝**を横切っている。太平洋プレートがフィリピン海プレートの下に沈み込む位置にあたる。Cはオーストラリア大陸縁辺のアラフラ海に位置する。付近一帯には広大な**大陸棚**が広がる。Dは太平洋北東部に位置するが，深く平らな**大洋底**が広がる。これらの特徴から考えると，線Bは深い海溝とプレートどうしの接触面に特徴的な起伏の大きい地形が読み取れる③が該当する。なお，①はC，②はD，④はAが該当する。

（2）　正解は④

▤ 同緯度に分布する気候の違いとその要因について考察する力を測る。

①適当。Pは気温の年較差が小さく，臨海部の地点だと考えられるが，大陸西岸の**ウ**は沖合を南流する**寒流**（カリフォルニア海流）の影響で夏季でも冷涼である。

②適当。Qも気温の年較差が比較的小さいうえ，Pと同様に夏季に乾燥し，冬季に湿潤となる特徴から地中海沿岸の**ア**が該当する。**地中海性気候**では夏季に亜熱帯高圧帯（中緯度高圧帯）の影響で乾燥し，冬季は亜寒帯低圧帯や偏西風の影響で湿潤となる。

③適当。Rは気温の年較差が大きく，年間を通して降水量が少ないことから**隔海度の高い内陸部**の地点と考えられ，**イ**が該当する。

④不適。Sも気温の年較差が大きいが，年間を通して湿潤であることから大陸東岸に位置する**エ**が該当する。ただし，最寒月（1月）の気温が約1℃であることが読み取れるので，**亜寒帯（冷帯）**ではなく**温帯**と判断できる。

2 正解は④

▤ 世界の植生分布を緯度帯に集約化して捉える力を測る。

4つのグラフのうち，まず①は，北緯20〜30度付近に集中的に分布している。この地域は亜熱帯高圧帯の影響を受け，砂漠・ステップなどの乾燥地が広がっている。よって**裸地（砂や岩など）**と判断しよう。②は赤道をはさんだ地域で面積が大きい。この地域は熱帯雨林気候が広がり高温多雨であるため，植生は**常緑広葉樹林**が該当

する。③は北緯60度付近の面積が大きいことから，寒冷な亜寒帯で生育する**針葉樹林**が該当する。亜寒帯が分布しない南半球にはほとんどみられないことも参考になるだろう。残る④が落葉広葉樹林に該当する。落葉広葉樹は季節の変化に合わせて落葉する広葉樹で，温帯から亜寒帯にかけてはナラ，ブナ，カエデなどが広く分布するほか，サバナ気候の熱帯草原にはバオバブなどがみられる。

3 正解は⑤

地図上の位置と衛星画像に写された水面形状から湖沼の成因を推量する力を測る。Jはアルプス山脈付近にあり，画像に細長い水面がみられることから，U字谷に水がたまった**氷河湖**と考えられ，**ウ**が該当する。Kは北海道の洞爺湖である。画像にみられるほぼ円形の水面や中央の島から，中央火口丘を持つ**カルデラ湖**と考えられ**ア**が該当する。Lはニュージーランドにある。水面が不規則な形から，河川が侵食したV字谷が堰き止められて水がたまった**堰止湖**と考えられ，**イ**が該当する。

4 正解は②

偏西風の蛇行が引き起こす気温の変化を地図資料から推察する力を測る。
北極周辺の上空を蛇行しながら吹く偏西風（ジェット気流）は，南西風として低緯度から高緯度に向かう際に暖気を，北西風として高緯度から低緯度に向かう際に寒気を運んでいる。ア〜エの4地点はいずれも平年の経路よりも高緯度側に位置しているが，蛇行が大きかった2017年12月には，南西からのジェット気流が吹き込んだアとウに低緯度側からの暖気がもたらされて，月平均気温が平年より高くなったと考えられる。

5 （1） 正解は④

陸上や海底の地形の起伏に関する理解力を測る。
図1中の線Dは，世界最高峰のエヴェレスト（チョモランマ）を擁する**ヒマラヤ山脈**を横断することに注意する。このDに沿った地形を想起しよう。南から北に向かってベンガル湾からヒンドスタン平原，ヒマラヤ山脈，チベット高原を経てタリム盆地に至っている。そこで，図2をみると，ア，イの断面図のうち，標高0mほどの低平な土地が続き，途中から4,000mを超える険しい山地や高原が続く**イ**が該当する。ヒマラヤ山脈はインド=オーストラリアプレートとユーラシアプレートが衝突して形成された褶曲山脈であり，山脈についての説明文はHが該当する。なお，線Eは南アメリカ大陸西岸沖から高峻な**アンデス山脈**を横切り，グランチャコ

を経てブラジル高原南部に至っている。アンデス山脈が属する環太平洋造山帯には，海洋プレートの沈み込みによって形成された山脈や島弧が多く，断面図**ア**からも水深が6,000mを超える海溝（チリ海溝）を確認することができる。よって，断面図は**ア**，文は**G**が該当する。

（2）　正解は③

　グラフを正確に読み取り，背景や影響を論理的に考察する力を測る。

①**適当**。図3中，紀元前と比べると，紀元後は年間土砂流出量が大きく増加していることが読み取れる。この背景としては，人間活動の活発化が考えられよう。

②**適当**。1960年代半ば以降，土砂流出量の減少傾向が続いていることが読み取れる。河川から土砂が河口付近に供給されないと，沿岸部では海水による海岸侵食のリスクが増大する。

③**不適**。水力発電需要は現代になって増加したと考えられるが，土砂の流出量は1960年代前半を除いて減少傾向が続いているので，「土砂の流出を促進した」と判断できない。むしろ発電用のダムが建設されると土砂はダム内に蓄積され，下流への流出が妨げられることは，ナイル川のアスワンハイダムの例などでよく知られる。

④**適当**。土壌が流出し，河床に堆積すると洪水のリスクが高まる。黄土高原では，土壌の流出を抑え，洪水を防止するために植林事業が進められてきた。森林には土壌の保全機能があるため，土砂の流出を抑制できる。

6　正解は②

　最終氷期の自然環境を類推する力を測る。

図中のPの時期は横軸の年代でみると2万年前ごろにあたり，気温はグラフ中，寒冷のピークの1つになっている。その後は急速に温暖化が進み現在にいたっていることから，Pの時期は地質年代でいう更新世の終期で，一般に**最終氷期**と呼ばれる時代にあたる。更新世の時代は，気候は現在より寒冷で，氷河は現在より広範囲に陸地に存在していた。

①**適当**。海水面は現在より低いため，海岸線は現在より沖合に存在していた。

②**不適**。森林限界は森林が生育できる地域とできない地域との境界を示す。寒冷な気候のもとでは，森林限界の標高は**現在より低い**と考えられる。

③**適当**。大陸氷河（氷床）は，現在では南極大陸とグリーンランドにしかみられないが，最終氷期にはさらに低緯度側まで広がり，ヨーロッパ北部にはスカンディナヴィア氷床，北アメリカにはローレンタイド氷床が広がっていた。

④**適当**。ツンドラは北極海沿岸地方などにみられるが，寒冷な最終氷期には現在よ

り低緯度側まで広がっていたと考えられる。

7 正解は③

プレート境界との関係性に注意して，統計表から地震・火山の分布を読み取る力を測る。

まず，火山，地震の発生しやすい地形を確認しよう。火山，地震とも地球内部のマグマやプレートの活動により発生するため，プレートの境界に近い**新期造山帯**付近で火山の数，地震発生数が多く，安定陸塊や古期造山帯では少ない。**火山**は，プレートの狭まる境界の沈み込み帯，プレートの広がる境界，ホットスポットに多く分布しているが，衝突帯では少ない。また**地震**は，プレートの狭まる境界の周辺などで頻繁に起こっている。次に，図1中A～Dの各地域の地体構造を確認しよう。Bはパミール高原付近に位置している。インド＝オーストラリアプレートとユーラシアプレートの**衝突帯**にあたり，**アルプス＝ヒマラヤ造山帯**の一部になっている。火山は少ないが，地震は高原周辺で頻発している。よって③が該当する。なお，Aはエチオピア高原から紅海を含み，**アフリカ大地溝帯（グレートリフトヴァレー）**に位置している。地溝帯は**広がる境界**にあたるが，アフリカ大陸のほとんどは**安定陸塊**に属するため，火山は多いが地震は少ないと考えられ，①が該当する。Cはニューギニア島東部とその海域付近に位置し，**環太平洋造山帯**の一部にあたる。プレートの狭まる境界の**沈み込み帯**にあたり，火山の数，地震発生数が多い。よって②が該当する。Dはブラジル高原に位置しているが，この地域は**安定陸塊**に属するため，火山や地震はきわめて少ない。よって④が該当する。

8 正解は③

自然災害がもたらす影響を考察・判断する力を測る。

a．誤り。大量の火山灰の放出によって上空が覆われ，日照が遮られることにより，気温は低下した。

b．正しい。貿易風が弱まりエルニーニョ現象が起こると，例年は太平洋の西方に運ばれていた海面の暖かい水が太平洋東部にとどまるため，海面水温が高い太平洋東部に面したアメリカ合衆国の西部では多雨となる。一方，例年よりも暖かい水が蓄積しない東南アジアでは蒸発量が少なく乾燥する傾向がみられる。

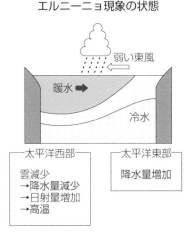

平年の状態

エルニーニョ現象の状態

9 正解は④

地図資料から読み取れる地形と自然災害との関係性を理解しているかを測る。

①適当。図中のナは台地であるが，台地は沖積平野に比べ地盤が硬く安定しているため，地震の時に揺れは大きくなりにくい。

②適当。ニの埋立地は土中に多くの水分を含むため，地震などの揺れを受けると水圧が高まり土壌が流動化する液状化現象が起きやすい。

③適当。かつて川であったヌは現在は低地であるが，両岸を河道に囲まれていることには変わりないため，洪水の被害を受けやすいと考えられよう。

④不適。ネは江戸時代も陸地であったが，周囲を川で囲まれた低地であることは変わらず，洪水の被害を受けやすい。

10 正解は③・⑥

各国の森林面積の変化の背景となる知識量を測る。

①適当。インドネシアの熱帯林は，**用材**の商用伐採のほか，油ヤシなどの**プランテーション農園**を造成する目的でも伐採が進んでいる。

②適当。乾燥した気候が広がるオーストラリアでは，気候変動による**干ばつ**が起こりやすく，砂漠化も顕著である。また大気の乾燥により大規模な**森林火災**もたびたび発生している。

③不適。**アグロフォレストリー**とは，樹木を育てながら，樹木間の土地で農作物を栽培する取り組みを指す。特に森林破壊が深刻な熱帯地域で注目されているが，

寒冷なカナダで普及しているとは考えにくい。針葉樹林での林業が盛んなカナダで森林面積が増加しているのは，伐採後に計画的な植林が行われてきたためである。

④**適当**。中国では，森林が広がっていた**内陸部の開発**に伴って土壌侵食や洪水などの問題が顕在化したため，近年は「退耕還林」のスローガンを掲げ，農地に植林して森林への転換を図っている。

⑤**適当**。ナイジェリアでは人口の急増に伴って，燃料用の薪炭材が大量に伐採されてきた。さらに，**サヘル**にかかっている国土北部では，干ばつや過放牧も加わって砂漠化が深刻化している。

⑥**不適**。ブラジルでは農地・牧場の開発などで熱帯林の破壊が進行したほか，**カラジャス鉄山**では大規模な露天掘りにより森林が失われてきた。安定陸塊が広がるブラジルでは鉄鉱石の採掘が盛んであるが，大規模な炭田開発はみられない。

11　（1）　正解は④

� 熱帯収束帯の移動がもたらす影響に関する考察力を測る。

①**適当**。サヘル地域には7月頃に「激しい対流活動や上昇気流」に伴う降水が生じやすい**熱帯収束帯が接近する**ことが図1から読み取れる。ただし，熱帯収束帯が「形成される範囲」のうちでもギニア湾に近い南部に位置すると，サヘル地域では降水に恵まれず干ばつが発生する場合がある。

②**適当**。「インド洋の沿岸地域」に襲来する熱帯低気圧のサイクロンは，主にベンガル湾やアラビア海で発生する。発生海域は，7月頃に「激しい対流活動や上昇気流」が生じ，「積乱雲が発生」しやすい熱帯収束帯の形成範囲に含まれることが図1から読み取れる。さらにサイクロンは南半球でも発生し，1月頃にアフリカ南東部に襲来することがある。

③**適当**。「熱帯雨林気候に隣接する地域」では，主に熱帯収束帯がもたらす雨季と亜熱帯高圧帯がもたらす乾季をもつ**サバナ気候**が分布している。

④**不適**。モンスーン（季節風）は，大陸と海洋との間で季節によって風向が入れ替わる風系を指し，日本を含む「北西太平洋に面する中緯度地域」では夏季に南東風が吹くため，7月頃の熱帯収束帯の北上とは関係がない。

（2）　正解は③

地図および統計表から読み取った情報を関連づけて考察する力を測る。

河川総流出量を流域面積で除して算出される「年流出高」の多い①・②には，流域の気候が湿潤で面積が狭い河川としてメコン川，ライン川が該当すると考えられる。メコン川の流域は，7月頃に熱帯収束帯の支配下に入るうえ，モンスーン（季節

風）の影響もあって多雨となるので，9月に流量が最大となる①と判断する。メコン川流域では乾季となる1月に流量が多い②が残るライン川となるが，年中湿潤な気候下を流れるため**季節的な流量の変化は小さい**。一方，「年流出高」の少ない③・④は，流域の気候が乾燥または流域面積の広いオレンジ川，ナイル川のいずれかである。このうちナイル川には，熱帯収束帯の形成範囲に流域が含まれる7月に**流量が最大となる③**が該当する。南半球の低緯度地域では熱帯収束帯が**南下する1**月頃に雨季を迎えるため，オレンジ川は3月に流量が最大となる④が該当する。

第2章　資源と産業

要　点

■ 農牧業

⟫⟫⟫ 地図で確認！

Q1 線（A・B）はオリーブ，穀物，ブドウの栽培限界のいずれ？

Q2 4地域（C〜F）一帯を原産とするデンプン質作物は？

Q3 ■・★・●・▲はカカオ豆，コーヒー豆，茶，天然ゴムの主産地のいずれ？

Q4 小麦，米，大豆，トウモロコシの地域別生産構成比（いずれも2019年）を示した
ものはW〜Zのいずれ？

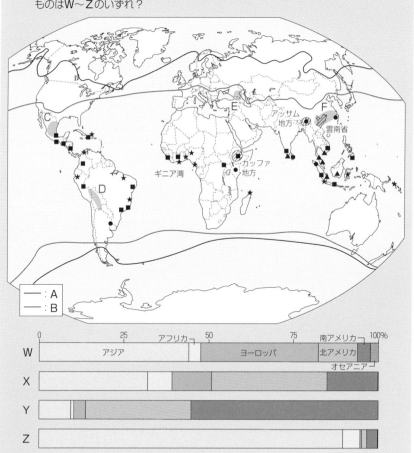

›››　ここがポイント！―農作物と農業地域の特色

● 稲の栽培適地は年降水量 1,000mm 以上の熱帯・温帯地方の低湿地

　➡ モンスーンアジアで約 90％が生産され，この地域の人口大国（**中国，インド，インドネシアなど**）が生産上位国

● 小麦の栽培適地は年降水量 500〜750mm の温帯・亜寒帯地方の半乾燥地

　➡ **非熱帯の農耕地域**で栽培され，この地域の人口大国（**中国，インド，ロシア，アメリカ合衆国など**）が生産上位国

● 小麦栽培の基本は冬小麦（秋に播種し，晩春・初夏に収穫）

　➡ 冬に小麦栽培が困難な亜寒帯気候地域では，春小麦（春に播種し，晩夏・初秋に収穫）

● コーヒー豆は東アフリカ（エチオピア南部の**カッファ地方**），茶は雲南省〜アッサム地方が原産

● カカオ豆は熱帯アメリカ，天然ゴムはアマゾンが原産

　➡ カカオ豆は**ギニア湾岸**（コートジボワールなど），天然ゴムは**東南アジア**（タイ，インドネシアなど）が主産地

● 熱帯地域の伝統的農業は焼畑（**タロイモ，ヤムイモ，キャッサバ**などのイモ類を栽培）

　➡ 近年，過剰な焼畑による熱帯林の破壊が深刻

　➡ 欧米列強による植民地支配体制下で，輸出用の商品作物を単一耕作する**プランテーション農業**が成立

● 乾燥地域の伝統的農業は遊牧やオアシス農業

　➡ 遊牧民の伝統的住居は動物由来の素材でできた**テント式住居**（モンゴルの**ゲル**など）

　➡ 近年，過放牧による食害や，過灌漑による塩害に起因する荒地化・砂漠化が深刻

● ヨーロッパの農業はアルプス以南で**地中海式農業**，以北で混合農業・園芸農業・酪農が中心

● 新大陸の農業は適地適作による**大規模機械化農業経営**が基本

　➡ **労働生産性は極めて高いが，土地生産性はそれほど高くない**

● アメリカ合衆国のトウモロコシ地帯は混合農業地域

　➡ **トウモロコシと大豆の輪作**で地力維持を図るとともに，これらを飼料として家畜（**豚・肉牛**）を飼育

　➡ 種子の開発から取引・加工・販売までを一貫して独占的に支配する**穀物メジャー**が強大な影響力を行使

● 緑の革命や遺伝子組換え作物の開発など，農業技術の革新が進行

　➡ 緑の革命で**高収量品種**が開発されるなどして，穀物（米，小麦，トウモロコシなど）の生産性が向上

解答 **Q1** 　A：穀物　B：ブドウ　**Q2** 　C：トウモロコシ　D：ジャガイモ
E：小麦　F：稲　**Q3** 　■：コーヒー豆　★：カカオ豆　●：茶　▲：天然ゴム
Q4 　小麦：W　米：Z　大豆：Y　トウモロコシ：X

林業・水産業

>>> 地図で確認！

Q1 広葉樹林，混合樹林，針葉樹林の分布地域は凡例（A〜C）のいずれ？

Q2 海流（D〜J）の名称と，暖流・寒流の別は？

Q3 4つの漁場の総漁獲量と国別の割合（2013年）を示した地図中のグラフの①〜④に該当する国は？

Q4 5カ国の木材生産の特色を示した下の⑤〜⑨はアメリカ合衆国，インド，中国，日本，ロシアのいずれ？

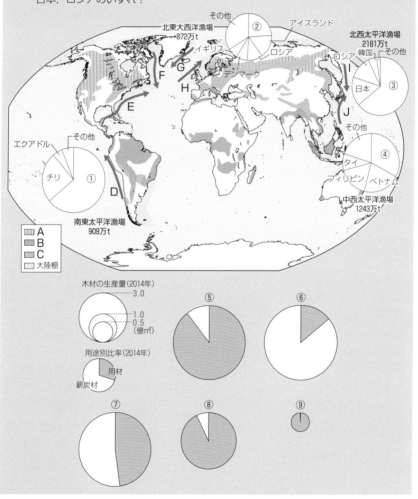

⨠⨠⨠ ここがポイント！─世界の林業・水産業の特色

A　林業

●世界の森林は熱帯林・温帯林・亜寒帯林で構成
●近年，**熱帯林の破壊**が深刻（焼畑や薪炭材・用材の伐採に加え，マングローブ林をエビ養殖池へ転用）
●温帯林は人工林（酸性雨被害が深刻なドイツの**シュバルツバルト**など）の割合が高い
●亜寒帯林の中心はタイガ（樹種・樹高の揃う**針葉樹の単一林**）
●発展途上国では薪炭材，先進国では用材に対する需要が旺盛
●日本の木材自給率は高度経済成長期に大きく低下したが，近年はやや上昇
　⟹ 89.2％（1960年）→27.6％（1990年）→37.8％（2019年）
　⟹日本の木材の主要輸入相手先国（2021年）は**カナダ**（29.8％），**アメリカ合衆国**（17.0％），**ロシア**（13.1％）

B　水産業

●好漁場は浅海域（**大陸棚**やバンク（**浅堆**）），潮境（**潮目**），湧昇流域に存在
●北西太平洋漁場，北東大西洋漁場，北西大西洋漁場に潮境（潮目）が存在
　⟹それぞれ暖流の**日本海流（黒潮）**，**北大西洋海流**，**メキシコ湾流**と，寒流の**千島海流（親潮）**，**東グリーンランド海流**，**ラブラドル海流**が会合
●世界最大の漁獲国は**中国**
　⟹世界最大の内水面漁業国でもある
●日本の漁獲高は遠洋漁業の衰退と沖合漁業の低迷で落ち込みが顕著
　⟹遠洋漁業の衰退は**1970年代の石油危機と海洋新秩序の成立**，沖合漁業の低迷は1980年代半ば以降の**イワシ類の不漁**が影響
●南東太平洋漁場ではアンチョビー漁や対日輸出目的の**サケ類**の養殖が盛ん
　⟹アンチョビーは肥料・飼料用の**魚粉**に加工される
　⟹漁獲量は**エルニーニョ現象**の影響で大きく変動
　⟹日本のサケ類の最大の輸入相手先国（2021年）は**チリ**（56.8％）

解答　**Q1**　広葉樹林：B　混合樹林：C　針葉樹林：A　　**Q2**　D：ペルー海流・寒流　E：メキシコ湾流・暖流　F：ラブラドル海流・寒流　G：東グリーンランド海流・寒流　H：北大西洋海流・暖流　I：千島海流（親潮）・寒流　J：日本海流（黒潮）・暖流　**Q3**　①ペルー　②ノルウェー　③中国　④インドネシア　　**Q4**　⑤アメリカ合衆国　⑥インド　⑦中国　⑧ロシア　⑨日本

■ 鉱工業

>>> 地図で確認！

Q1 □・△・○は銅鉱，ニッケル鉱，ボーキサイト鉱の主産地のいずれ？

Q2 ▲・★・■・◆で示された①〜⑤の鉄鋼都市の名称は？

Q3 ▲・★・■・◆は石炭の産地，鉄鉱石の産地，石炭と鉄鉱石の産地，市場・港湾のいずれに立地する鉄鋼都市？

Q4 ⑥〜⑧の表が示す貿易データ（2019年）は原油，石炭，天然ガスのいずれ？

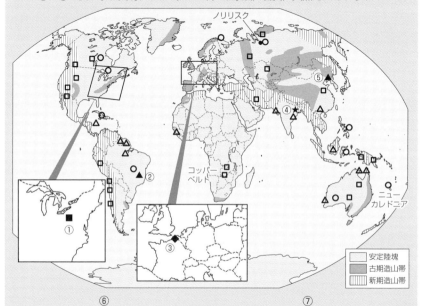

⑥

輸　出	％	輸　入	％
ロ　シ　ア	20.3	中　　　国	10.8
カ　タ　ー　ル	10.5	日　　　本	8.7
ア　メ　リ　カ	10.4	ド　イ　ツ	7.3
ノ　ル　ウ　ェ　ー	9.1	ア　メ　リ　カ	6.1
オ　ー　ス　ト　ラ　リ　ア	8.4	イ　タ　リ　ア	5.6

⑦

輸　出	％	輸　入	％
イ　ン　ド　ネ　シ　ア	32.4	中　　　国	21.8
オ　ー　ス　ト　ラ　リ　ア	27.8	イ　ン　ド	18.0
ロ　シ　ア	14.5	日　　　本	13.6
ア　メ　リ　カ	5.6	韓　　　国	9.2
南　ア　フ　リ　カ	5.5	ベ　ト　ナ　ム	3.2

⑧

輸　出	％	輸　入	％
サ　ウ　ジ　ア　ラ　ビ　ア	15.8	中　　　国	21.8
ロ　シ　ア	12.0	ア　メ　リ　カ	14.5
イ　ラ　ク	8.8	イ　ン　ド	9.8
カ　ナ　ダ	7.4	日　　　本	6.3
ア　メ　リ　カ	6.6	韓　　　国	6.2

▶▶▶ ここがポイント！―世界の鉱工業の特色

A　鉱業

- 石油は**新期造山帯**と大河川の河口部（ナイル川，ニジェール川，ミシシッピ川など）で多く産出
- 石炭は**古期造山帯**で多く産出
- 鉄鉱石は**安定陸塊**で多く産出（**オーストラリア，ブラジル，中国**が三大産出国）
- 銅鉱は**環太平洋造山帯**（チリなど）と**コッパーベルト**（アフリカ中南部）で多く産出
- **ボーキサイト鉱**（アルミニウムの原鉱石）は**熱帯地域**で多く産出
- **ニューカレドニア**（フランス領）と**ノリリスク**（エニセイ川河口部）はニッケル鉱の世界的産地
- 天然ガスの最大の輸出国は**ロシア**
  - ➡ シェール革命により，近年は**アメリカ合衆国**も輸出増加

B　工業（製造業）

- 工業立地の5類型は原料指向，市場（消費地）指向，労働力指向，港湾（交通）指向，動力（電力）指向
- 重量減損原料を使う工業（**鉄鋼，セメント**など）や鮮度が重視される原料を使う工業（**食料品**など）は原料指向型
- 飲料，ファッション関連，印刷・出版は市場（消費地）指向型工業の代表例
  - ➡ ファッション関連や印刷・出版は最新の流行を反映した製品を生産することが最重要
- **繊維**や**機械**は労働力指向型工業の代表例
  - ➡ 賃金水準の低い場所を求めて**都市部から地方農村部，先進国から発展途上国へ立地移動**
- 輸入原料を使う工業は港湾（交通）指向型
  - ➡ 先進諸国では，資源枯渇を背景に工業地域が内陸部から臨海部へシフト
  - ➡ 日本の工業の多くは太平洋ベルトへ集積し，地域間格差を創出
- **アルミニウム精錬**は動力（電力）指向型工業の代表例
  - ➡ **アルミナを電気分解**してアルミニウムを生産するため，安価・豊富に電力を入手可能な地点へ立地
  - ➡ アルミニウムは「電気の缶詰」と称され，日本では石油危機に伴う電力費の高騰と円高の進行に伴う輸入産品の価格低下を背景に生産量が激減

解答　Q1　□：銅鉱　△：ボーキサイト鉱　○：ニッケル鉱　　Q2　①ピッツバーグ
②イパチンガ　③ダンケルク　④ジャムシェドプル　⑤アンシャン（鞍山）
Q3　▲：鉄鉱石の産地　★：石炭と鉄鉱石の産地　■：石炭の産地　◆：市場・港湾
Q4　⑥天然ガス　⑦石炭　⑧原油

■ 貿易と地域経済統合

>>> **地図で確認！**

Q1 A・Bは日本からの輸入，日本への輸出のいずれ？

Q2 日本における3品目（原油，小麦，鉄鉱石）の供給量に占める国別の割合（2013年）を示したデータ中のC～Eに該当する国は？

Q3 日本で生産された3品目（自動車，集積回路，粗鋼）の国内消費と輸出の割合を示したデータ中，国内消費はア・イのいずれ？

Q4 凡例（X～Z）で示された諸国を構成国（2018年末時点）とする国際機構の名称は？

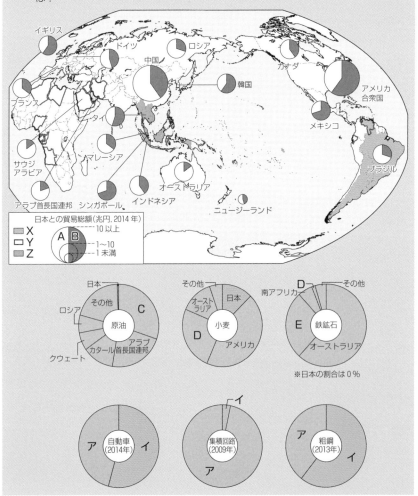

⟫⟫ ここがポイント！―貿易と地域経済統合の特色

A　貿易（2016年）

●日本は中国，アメリカ合衆国，ドイツに次ぐ貿易大国
●世界最大の貿易黒字（輸出超過）国は中国，貿易赤字（輸入超過）国はアメリカ合衆国
●中国，アメリカ合衆国は日本の二大貿易相手先国
　➡日本は対中貿易で貿易赤字（輸入超過），対米貿易で貿易黒字（輸出超過で，1980年代
　　には貿易摩擦が激化）
●日本では加工貿易（一次産品を輸入し，生産した工業製品を輸出）からの脱却が進む
　➡工業原料，燃料，安価な農産物に加え，近年は安価な工業製品（繊維製品や機械類な
　　ど）も輸入に依存
　➡生産に高度な技術が必要とされる工業製品は，依然として輸出が盛ん
●日本最大の貿易港は成田国際空港（航空貨物が増大）

B　地域経済統合（2020年）

●自由貿易体制の構築と並行して，地域経済統合が進行
　➡WTO（世界貿易機関）のほか，FTA（自由貿易協定）・EPA（経済連携協定）により
　　自由貿易体制の構築が進行
●日本初のFTA締結相手先はシンガポール（農業分野が低調で日本の脅威となりにくい）
●東南アジアではASEAN（東南アジア諸国連合）による地域経済統合が進行
　➡加盟国は東南アジア10か国（インドネシア，シンガポール，マレーシア，タイ，ベト
　　ナム，フィリピンなど）
●ヨーロッパではEU（ヨーロッパ連合）による地域経済統合が進行
　➡イギリス，アイスランド，ノルウェー，スイスなどの非加盟国も存在
●南アメリカではMERCOSUR（南米南部共同市場）による地域経済統合が進行
　➡加盟国は南アメリカ6か国（アルゼンチン，ブラジル，ウルグアイ，パラグアイなど）

解答　**Q1**　A：日本への輸出　B：日本からの輸入　　**Q2**　C：サウジアラビア
D：カナダ　E：ブラジル　　**Q3**　イ　　**Q4**　X：MERCOSUR（南米南部共同市場）
Y：OPEC（石油輸出国機構）　Z：ASEAN（東南アジア諸国連合）

第2章 資源と産業

問 題

12 世界の農業に関する次の問いに答えよ。

次の図は，イタリア，インド，カナダ，フランスの小麦の生産量の推移を，1970年を100として示したものである。図から読み取れることがらとその背景について述べた文として下線部が**適当でないもの**を，下の①〜④のうちから一つ選べ。

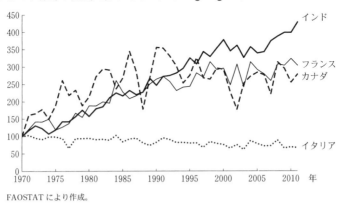

FAOSTAT により作成。

① イタリアでは，1970年以降生産量の減少傾向が続いているが，これは<u>農場の国有化を推進したものの，生産性が向上しなかったためである。</u>

② インドでは，1970年以降生産量が増加しているが，これは<u>「緑の革命」によって高収量品種の導入や灌漑設備の整備が進んだためである。</u>

③ カナダでは，年による生産量の変動が大きいが，これは<u>栽培限界の近くに位置し，気温や降水量の変動の影響を受けやすいためである。</u>

④ フランスでは，1970年から2000年に生産量が増加しているが，これは<u>大規模経営による生産性の高さから小麦栽培を拡大してきたためである。</u>

〔2015 年度本試 地理B〕

13 農業には自然環境のほか，経済的条件や歴史的背景も影響し，各地で特色ある農業地域が形成されている。また，農産物は貿易品目としても重要である。

次の文ア〜ウは農業地域の成立について述べたものであり，A〜Cはその主な成立要因を示したものである。ア〜ウとA〜Cとの組合せとして最も適当なものを，下の①〜⑥のうちから一つ選べ。

【農業地域】

ア　17世紀にカリブ海の島嶼部でサトウキビの栽培が行われるようになった。

イ　19世紀に南アメリカのパンパと呼ばれる地域で牛の牧畜が盛んになった。

ウ　20世紀にアフリカのナイル川流域でワタ（綿花）の生産地域が拡大した。

【成立要因】

A　生産物の保存技術や輸送手段の発達

B　奴隷貿易による労働力の導入

C　農業用水を確保する施設の開発

	①	②	③	④	⑤	⑥
ア	A	A	B	B	C	C
イ	B	C	A	C	A	B
ウ	C	B	C	A	B	A

〔2014年度本試　地理B・改〕

14 技術の革新と移転は，自然条件の制約を強く受ける農業分野においても変化をもたらしている。科学技術の進展と農業の変化について述べた文として下線部が**適当でないもの**を，次の①〜④のうちから一つ選べ。

① 遺伝子組み換え作物は生産量が安定することから，自給的農業が盛んな国で導入がすすんでいる。

② 高収量品種による飼料生産や肉牛を集中的に肥育するフィードロットの導入など，アグリビジネスの展開にともない生産の大規模化がすすんでいる。

③ 日本の農業生産は機械化による省力化がすすみ，経営耕地面積の小さい農家では農業以外の収入を主とする副業的な農家が多い。

④ 冷凍船の就航は鮮度を保持しながらの遠距離輸送を可能とし，南半球において酪農や肉牛生産を発展させる契機となった。

〔2018年度本試　地理B〕

15 次の写真中の**カ**と**キ**はベトナムの日本向けエビ養殖・加工の様子を，**ク**と**ケ**は日本で販売されているエビ製品をそれぞれ撮影したものである。写真に関連したことがらについて述べた下の文章中の下線部①〜④のうちから，**適当でないもの**を一つ選べ。

カ　　　　　　　　　　　　　　　　キ

ク　　　　　　　　　　　　　　　　ケ

　ベトナムでは，写真**カ**のような①集約的なエビ養殖の拡大が1950年代からみられ，日本などにエビが輸出されている。写真**キ**のように現地で多くの人を雇用し，生産されたエビに下処理・加工を行う理由は，②製造にかかわる技能・知識をもった安価な労働力が多く存在するためである。

　一方，日本では，**ク**のように海外からエビを調達できるようになった。その背景として，③商品の保管や輸送の技術革新がすすんだことがある。また，食品の安全に関する消費者の関心が近年高まり，**ク**や**ケ**のように，④食品の生産国や製造国の違いに関する情報が表示されるようになった。

〔2011年度追試　地理B〕

16 輸入される肉類や穀物などの農産物の生産には，他国の水資源が使用されている。なかでも，肉類の生産では，飼料生産にも水資源が必要なため，より多くの水資源が使用されている。次の表は，いくつかの国について，国内で消費される農産物の生産に使用された国内の水資源量，および輸入される農産物の生産に使用された他国の水資源量を，それぞれ自国の人口1人当たりで示したものである。表中の①〜④は，アメリカ合衆国，インド，日本，ブラジルのいずれかである。日本に該当するものを，表中の①〜④のうちから一つ選べ。

（単位：m³/年）

	国内で消費される農産物の生産に使用された国内の水資源量（1人当たり）	輸入される農産物の生産に使用された他国の水資源量（自国の1人当たり）
①	1,960	437
②	1,749	178
③	988	26
④	204	970

1996年〜2005年の平均。

UNESCO, *National water footprint accounts* により作成。

〔2015年度追試 地理B〕

17 次の表は，いくつかの国について，エネルギー輸入依存度[*]と原油の輸入依存度を示したものであり，①〜④は，イギリス，オーストラリア，ドイツ，日本のいずれかである。ドイツに該当するものを，表中の①〜④のうちから一つ選べ。

[*] 一次エネルギーの総供給量に対する輸出入量の比率で，マイナス値は輸出量が輸入量を上回っていることを示す。

（単位：%）

	エネルギー輸入依存度	原油の輸入依存度
①	93.9	98.8
②	66.1	95.5
③	37.9	22.4
④	−200.1	20.3

統計年次は2016年。

IEA, *World Energy Balances 2018* により作成。

〔2017年度本試 地理B・改〕

18 世界のエネルギー供給の過半を占める化石燃料は，地域的に偏在することから資源をめぐる紛争の原因となったり，その利用に際しては環境に負の影響を与えることが懸念されている。次の図中のA〜Dの地域・海域で発生した資源・エネルギーをめぐる問題について述べた文として最も適当なものを，下の①〜④のうちから一つ選べ。

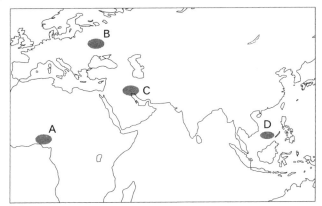

① Aの地域では，石炭の採掘権をめぐって分離独立運動が起こり，多数の餓（が）死（し）者や死傷者を出した。

② Bの地域では，ロシアとヨーロッパを結ぶ天然ガスの鉄道輸送網が整備されているが，関税設定をめぐり産出国と経由国との間で紛争が起きている。

③ Cの地域では，戦争により油田が破壊され，火災や周辺海域への重油の流出により，深刻な海洋汚染や大気汚染を引き起こした。

④ Dの海域では，石油の埋蔵が確認されたことなどを背景に，中国，フィリピン，インドネシアなど複数の国が群島の領有権をめぐって争っている。

〔2012年度本試 地理B〕

19 鉱産物の開発と利用に関連することがらについて述べた文として**適当でないも**
のを，次の①～④のうちから一つ選べ。

① 北アメリカでは大規模な露天掘り炭鉱の開発によって，森林破壊や水質汚濁など
の環境問題が生じている地域がある。

② 世界各地で鉄鉱山の開発をすすめている少数の大企業が，鉄鉱石価格を決定する
主導権を握るようになってきた。

③ 先端産業に用いられるニッケルやクロムなどのレアメタルは，埋蔵地域がかたよ
って分布し供給体制に不安があるため価格変動が大きい。

④ 銅鉱価格の高騰によって財政が豊かになったため，アフリカの銅鉱の産出国では
貧富の差が解消されてきている。

〔2014 年度本試 地理B〕

20 資源と産業に関する次の問いに答えよ。

スマートフォンは，次の写真1に示すように各種の鉱産資源を原料とする部品が用
いられ，また多くの技術が集約された通信機器である。これらの資源や技術に関して，
下の図1中の**ア～ウ**は，国際特許出願件数*，アルミ合金ケースの原料となるボーキ
サイトの生産量，リチウムの生産量のいずれかについて，上位8位までの国・地域と
それらが世界全体に占める割合を示したものである。項目名と**ア～ウ**との正しい組合
せを，次の①～⑥のうちから一つ選べ。

*世界知的所有権機関の加盟国で有効な特許の出願。

半導体など
電子部品

リチウムイオン
バッテリー

アルミ合金ケース

写真　1

著作権の都合上，実際に出題された写真と類似の写真に差し替えています。
ユニフォトプレス提供

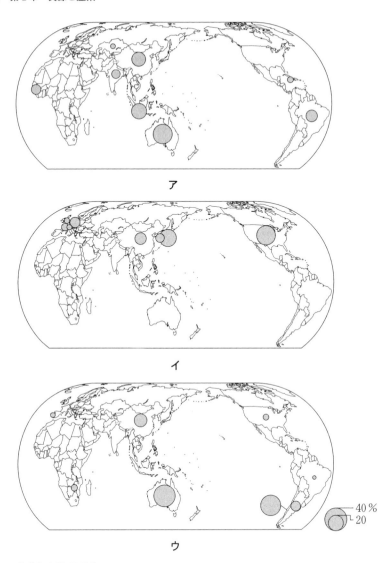

統計年次は 2013 年。
中国の数値には，台湾，ホンコン，マカオを含まない。
USGS の資料などにより作成。

図　1

	①	②	③	④	⑤	⑥
国際特許出願件数	ア	ア	イ	イ	ウ	ウ
ボーキサイトの生産量	イ	ウ	ア	ウ	ア	イ
リチウムの生産量	ウ	イ	ウ	ア	イ	ア

〔2018 年度本試 地理Ｂ〕

21 （1）リナさんたちは，環境への負荷の軽減に寄与する森林資源に注目し，資源とその利用についてまとめた。次の図１は，いくつかの国における森林面積の減少率，木材輸出額，木材伐採量を示したものであり，Ｋ～Ｍはエチオピア，ブラジル，ロシアのいずれか，凡例タとチは薪炭材と用材[*]のいずれかである。ブラジルと薪炭材との正しい組合せを，後の①～⑥のうちから一つ選べ。

[*]製材・ベニヤ材やパルプ材などの産業用の木材。

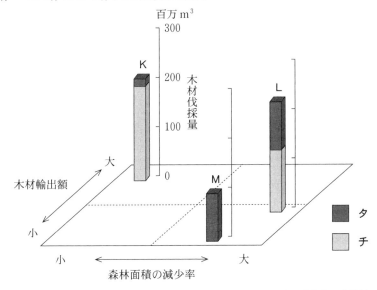

森林面積の減少率は 1995 年から 2015 年までの変化。森林面積の減少率と木材輸出額は相対的に示してある。統計年次は 2017 年。FAOSTAT などにより作成。

図 1

	①	②	③	④	⑤	⑥
ブラジル	Ｋ	Ｋ	Ｌ	Ｌ	Ｍ	Ｍ
薪炭材	タ	チ	タ	チ	タ	チ

（2）リナさんたちは，これまで調べたことをもとに，循環型社会に向けた持続可能な資源利用の課題と取組みについて資料1にまとめた。各国でみられる取組みのうち，循環型社会に寄与するものとして**適当でないもの**を，資料1中の①～④のうちから一つ選べ。

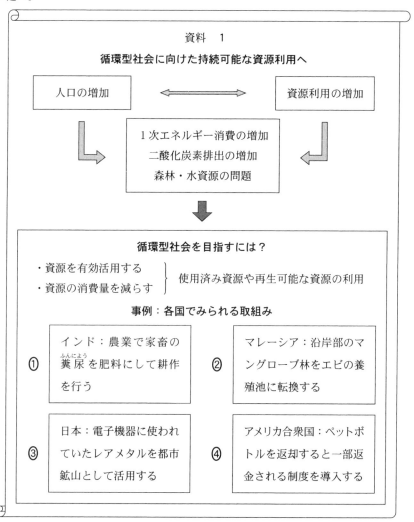

〔2022年度本試　地理B〕

22 世界の工業に関する次の問いに答えよ。

次の図中の**ア〜エ**は，アメリカ合衆国とヨーロッパにおける主な工業地域を，その成り立ちの特徴ごとに示したものである。**ア〜エ**を説明した文として**適当でないもの**を，下の①〜④のうちから一つ選べ。

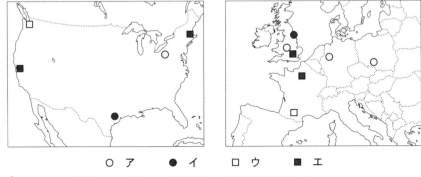

○ ア　● イ　□ ウ　■ エ

① **ア**では，付近で産出される石炭を用いて鉄鋼業が発達した。

② **イ**では，付近で産出される原油を用いて石油化学工業が発達した。

③ **ウ**では，近隣に集積した部品製造の企業と結びついて自動車工業が発達した。

④ **エ**では，近隣に立地する大学や研究機関と結びついて先端技術産業が発達した。

〔2016 年度本試 地理B〕

23 次の図は，いくつかの国における自動車生産台数の世界に占める割合と生産台数に対する輸出台数の比率について，1980年〜2010年の推移を示したものであり，A〜Dはアメリカ合衆国，中国*，ドイツ**，日本のいずれかである。図中のA〜Dについて述べた下の①〜④の文のうちから，最も適当なものを一つ選べ。

*台湾，ホンコン，マカオを含まない。
**1990年以前は西ドイツの値。

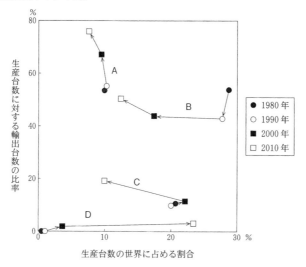

『世界自動車統計年報』などにより作成。

① Aは1990年代以降に安価な労働力を基盤に輸出指向型工業が成長した中国である。

② Bは1980年代に激化した貿易摩擦を背景に自動車工業の海外移転が進んだ日本である。

③ Cは2000年代に加盟国が増加したEU諸国向けの生産台数が増加したドイツである。

④ Dは2000年代の好景気で国内市場が成長し生産台数が増大したアメリカ合衆国である。

〔2015年度追試 地理B・改〕

24 産業の立地傾向の違いは，地域内においてもみられる。次の図は，いくつかの産業の従業者について，都道府県ごとの全従業者に占める割合と，県庁所在都市集中度*を示したものであり，①〜④は，卸売・小売業，情報通信業，製造業，農林漁業のいずれかである。情報通信業に該当するものを，図中の①〜④のうちから一つ選べ。

*県庁所在都市の従業者が都道府県内の各産業従業者全体に占める割合。東京都は特別区部を県庁所在都市とみなす。

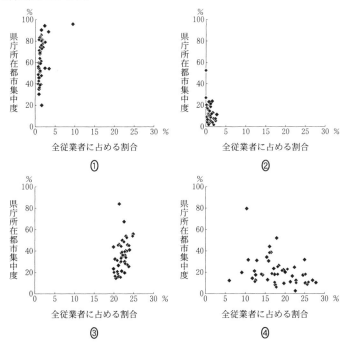

統計年次は 2009 年。
『経済センサス』により作成。

〔2013 年度本試 地理Ｂ〕

25 次の表1に示された資源使用量の変化とともに製鉄所の立地は変化してきた。図1は，仮想の地域を示したものであり，下の枠は地図中の凡例および仮想の条件である。このとき，図2中の**ア〜ウ**は，1900年前後，1960年前後，2000年前後のいずれかにおける鉄鋼生産国の製鉄所の立地場所を示したものである。輸送費の観点から年代順で立地の変化を考えたとき，年代と**ア〜ウ**との正しい組合せを，①〜⑥のうちから一つ選べ。ただし，地図で示されていない自然環境や社会環境は条件として考慮しない。

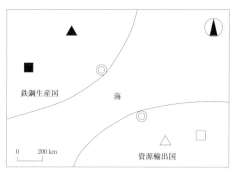

<凡例および仮想の条件>
・■石炭，▲鉄鉱石・・・坑道掘り
・□石炭，△鉄鉱石・・・露天掘り
・図中の◎は貿易港をもつ都市を示している。
・1970年代以降，坑道掘りは産出量が減少する一方，露天掘りは産出量が増加して，図中の南東側の国が資源輸出国となったとする。
・次の表1は，鉄鋼製品1トン当たりの石炭と鉄鉱石の使用量の推移を示している。

図　1

表　1　鉄鋼製品1トン当たりの石炭と鉄鉱石の使用量の推移

（単位：トン）

	1901年	1930年	1960年	1970年	2000年
石　炭	4.0	1.5	1.0	0.8	0.8
鉄鉱石	2.0	1.6	1.6	1.6	1.5

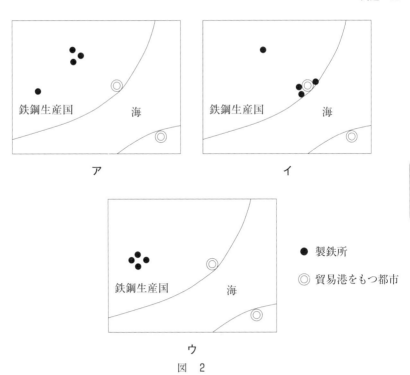

図 2

	①	②	③	④	⑤	⑥
1900 年前後	ア	ア	イ	イ	ウ	ウ
1960 年前後	イ	ウ	ア	ウ	ア	イ
2000 年前後	ウ	イ	ウ	ア	イ	ア

〔第2回プレテスト 地理B・改〕

26 アメリカ合衆国，日本，中国，ASEAN（東南アジア諸国連合）間における貿易の状況に関心を持ったメグミさんは，日本貿易振興機構（ジェトロ）のホームページを閲覧して次の表1を作成した。地理の授業で発表する予定のメグミさんは，このデータをさらにわかりやすく図で示そうと考えた。表1の内容を正しく表現した図として最も適当なものを，次の図1中の①〜④のうちから一つ選べ。

表　1 （単位：億ドル）

		輸　入　国			
		アメリカ合衆国	日　本	中　国	ASEAN
輸出国	アメリカ合衆国	—	677	1,304	775
	日　本	1,351	—	1,328	1,059
	中　国	4,337	1,375	—	2,828
	ASEAN	1,438	1,052	1,809	—

統計年次は2017年。
ジェトロの資料により作成。

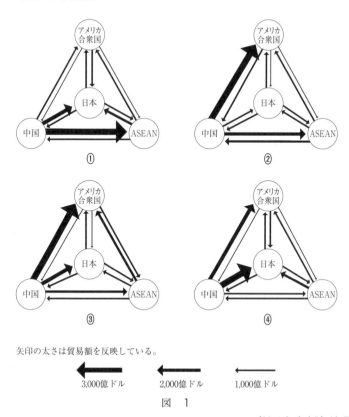

矢印の太さは貿易額を反映している。

3,000億ドル　　　2,000億ドル　　　1,000億ドル

図　1

〔2016年度本試 地理B・改〕

27 現在の世界では国境を越えたサービスのやり取りが増加し，モノだけでなくサービスも輸出入の対象となっている。次の図は，いくつかの国・地域における金融・保険サービス，輸送サービス，旅行サービスに関する貿易収支を示したものであり，①～④はギリシャ，スイス，ホンコン（香港），ロシアのいずれかである。ギリシャに該当するものを，図中の①～④のうちから一つ選べ。

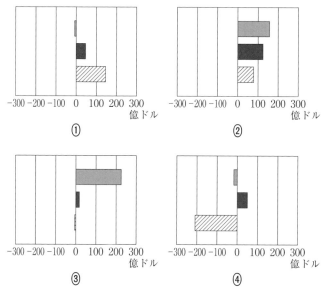

■ 金融・保険サービス　■ 輸送サービス　▨ 旅行サービス

統計年次は2017年。

World Development Indicators により作成。

〔2016年度本試　地理A・改〕

第2章

28
　　　海外出稼ぎ労働者は，高い賃金を求めて国境を越え，出稼ぎ先の国で得た賃金を本国の親族などへ送金している。次の表は，いくつかの国の海外送金受取額[*]と海外送金支払額[**]を示したものであり，①〜④はインド，サウジアラビア，スペイン，ナイジェリアのいずれかである。インドに該当するものを，表中の①〜④のうちから一つ選べ。

[*] 海外にいる労働者から自国の個人あてに送金された額。

[**] 国内の外国人労働者から海外の個人あてに送金された額。

(単位：百万ドル)

	送金受取額	送金支払額
①	70,389	6,222
②	20,829	58
③	10,750	8,825
④	269	36,924

統計年次は2014年。

World Bank Group, *Migration and Remittances Factbook* により作成。

〔2014年度追試 地理B・改〕

29 地理の授業で，「なぜ，世界で食料問題が起こっているのか？」をクラスで探究していくことにした。各班で調べた内容についてさらにクラスで学習を深め，世界の食料問題とその取組みについてポスターにまとめた。文章中の下線部①〜④のうちから，**適当でないもの**を一つ選べ。

世界の食料問題とその取組み

〇年〇組

　世界の食料問題は発展途上国と先進国で違いがみられる。発展途上国では，所得水準が低く食料の十分に得られない地域がある。食料の増産を目的とした対策の一つとして，20世紀半ば以降に推進された「緑の革命」では，①高収量品種の導入や灌漑（かんがい）施設の整備などによっていくつかの国では穀物自給率が上昇した。ただし，農村部では十分にその恩恵を受けることができていない地域もみられる。近年では②世界各地で異常気象による農作物の不作が報告されており，貧しい農村部でその影響が大きい。

　一方，多くの先進国では，③国内消費を上回る量の食料品を輸入し，大量の食料が廃棄されるフードロスの問題が生じている。世界の一部では飢餓（きが）が生じているなか，先進国の飽食は発展途上国の犠牲のうえに成り立っているとも考えられる。国際貿易においては，④農産加工品などの輸入において先進国がフェアトレードを推進しており，発展途上国の農家の生活水準が悪化している。食料問題を解決するには，先進国と発展途上国との格差を是正していくことが必要であり，私たちも食料問題に真剣に向き合わなければならない。

〔第1回プレテスト　地理B〕

第2章

第2章　資源と産業

解　答

12　正解は①

▮ 主要国の小麦生産の背景を正しく理解しているかを測る。

①不適。新期造山帯に位置し，平野に恵まれないイタリアでは，農業の経営規模が比較的小さく，小麦生産量は停滞してきた。**農場の国有化**は主に社会主義国で推進された取り組みで，イタリアには該当しない。

②適当。インドでは「緑の革命」により，パンジャブ州などで生産量が増加し，1970年代には食料の自給を達成している。

③適当。カナダでは主に**春小麦**が生産されているが，高緯度であるうえ，乾燥限界近くで栽培されているため，気温や降水量の変動の影響を受けやすい。

④適当。フランスは1人当たりの農地面積が広く，大規模な農業が行われており，小麦の生産量は世界第5位である（2014年）。

13　正解は③

▮ 各地の農業の成立に関わる社会条件を正しく理解しているかを測る。

ア． カリブ海の島嶼部では，先住民人口が疫病などで激減したため，プランテーションの労働力としてアフリカ大陸から**黒人奴隷**が導入された。現在もハイチなど黒人が人口の多数を占める国がある。よって**B**が該当する。

イ． パンパが分布するアルゼンチンなど南半球で牧牛が盛んになったのは，1870年代に冷凍船の発明によって赤道を越えて北半球の国々へ牛肉の輸出が可能になったためである。よって**A**が該当する。

ウ． ナイル川流域の乾燥地域でワタなどの農産物の生産が拡大した背景には，大規模な灌漑による用水の確保が大きいと考えよう。エジプトは20世紀初頭の1902年にアスワンダム，1971年に**アスワンハイダム**を完成させている。よって**C**が該当する。

14　正解は①

▮ 科学技術の進展がもたらした農業の変化を正しく理解しているかを測る。

①不適。**遺伝子組み換え作物**は，企業的に大規模に生産することを目的に開発されており，先進国で多く導入されている。

②適当。アグリビジネスは，肥料，種子の開発などの農業生産だけでなく，加工，輸送，販売など農業に関連したさまざまな事業をいう。企業的農業が発達しているアメリカ合衆国などで生産規模の拡大に貢献してきた。

③適当。日本は国土に対する耕地面積率が低く，経営耕地面積の小さい農家が多い。集約化が進められているが，農業のみで生計を立てるのは難しいため**副業的な農家**が大半を占めている。

④適当。19世紀後半の**冷凍船**の就航により，南半球のアルゼンチン，オーストラリア，ニュージーランドなどで，北半球の市場へ向けた酪農や肉牛の生産が発展した。

15 正解は①

■ アジア諸国に関する基本知識と写真から情報を読み取る力を測る。

①不適。**ベトナム**で輸出向けのエビの養殖が始まるのは1990年代に入ってからで，90年代後半に本格化する。ベトナムで経済活動が活発化した要因としては，1986年に採用された**ドイモイ**（刷新）政策と呼ばれる**市場開放政策**の推進が大きいと考えるとよい。

②適当。ベトナムは低賃金で勤労意欲の高い労働力が多いといわれ，海外からの投資も急増している。

③適当。近年，生鮮食品などの劣化を防ぎ，広域な流通を図るため，生産から輸送，消費の過程で常に低温に保つ**コールドチェーン**と呼ばれる物流方式が開発されている。

④適当。近年，**遺伝子組み換え技術**の導入などにより，食品の安全性に関わる問題が発生したが，その対策の1つとして**JAS（日本農林規格）法**が改正され，2001年よりすべての飲食料品に品質表示が義務づけられ，生産地などの表示が国際基準にそって行われるようになった。

16 正解は④

■ 主要国の食料貿易を想起しながら問題文と資料を読解する力を測る。

農畜産物を輸入している国において，その食料を国内で生産すると仮定した場合に必要となる水を仮想水（バーチャルウォーター）と呼んでいる。**日本は食料自給率が低く大量の農畜産物を輸入しているため，国内の水を節約して大量の水を輸入している**と言い換えることができる。よって④が該当する。アメリカ合衆国は農産物や畜産物の消費量がきわめて多く，「国内」「他国」で使用された水資源量がともに多い①である。欧米型の食生活が普及しているブラジルも「国内」で使用された水

資源量が多いが，輸入量はアメリカ合衆国より少なく②が該当する。インドは肉類の消費が低調で，食料の輸入量も相対的に少なく③が該当する。

17　正解は②

▨各国のエネルギー供給状況を表外の資源にも注意して考察する力を測る。

まず，エネルギー輸入依存度でマイナス値をとる④を，石炭を中心とする一次エネルギーの純輸出国であるオーストラリアと考えたい。反対にエネルギー輸入依存度が90％を超える①が，原油，石炭，天然ガスなどの一次エネルギーを海外に依存している日本であると判断できる。残った2国については，イギリスの北海油田，ドイツのルール炭田などを思い出せば，原油の輸入依存度が低い③をイギリス，原油以外の輸入依存度が若干低くなる②をドイツと判断できる。

18　正解は③

▨民族・領土問題や環境問題などの現代世界に対する関心・理解を測る。

①不適。Aの地域はナイジェリアの油田地帯なので，石炭は誤り。Aの地域に住むイボ人が民族間の対立を背景に石油の利権を求めてナイジェリアから分離独立を宣言したことにより，1967〜1970年にビアフラ戦争が起こった。

②不適。Bの地域はロシアと東ヨーロッパの境界付近を示しているが，ロシアとヨーロッパを結ぶ天然ガスの輸送網は鉄道ではなく，パイプラインである。

③適当。Cの地域はイラン，イラク，クウェートを含む湾岸地域で，1990〜1991年の湾岸戦争によりペルシア湾に重油が流出し，深刻な環境汚染を招いた。

④不適。Dの海域は南沙群島（スプラトリー諸島）を示している。南沙群島に関しては，中国，フィリピンのほか，台湾，ベトナム，マレーシア，ブルネイが領有権を主張しているが，インドネシアは領有権を主張していない。

19　正解は④

▨鉱産物の開発・利用をテーマとして論理的な思考力を測る。

①適当。露天掘りは直接地表から鉱産物を採掘する方法である。採掘の効率は高いが，地表が削り取られるため，環境への悪影響は大きい。

②適当。鉄鉱石については，ブラジルやオーストラリアの資源メジャーと呼ばれる少数の大規模な企業が販売価格決定などの主導権を握っている。

③適当。クロムは南アフリカ共和国が世界生産の44％（2014年）を占めるなど，レアメタルの多くは偏在していて産出国が限られているうえ，政情が不安定な国

も多く，戦略物資として輸出規制を行う国もあるため，供給量が不安定になりがちで価格変動が大きい。

④不適。アフリカの銅鉱産出国では，銅鉱の価格の高騰により財政が豊かになったとはいえ，政情が不安定で，利権をめぐる争いなども生じており，貧富の差が解消されているとはいえない。

20 正解は③

特許出願件数と鉱産資源生産量の分布図を判別する力を測る。

まず，**特許**は研究，開発などによって生み出された知識，技術などの知的財産を保護するために与えられる権利であるから，**国際特許出願件数**は，知的財産権を申請できる高度な研究，開発などを行える国において多くなると考えられる。よって図1中，アメリカ合衆国，日本，ヨーロッパの国々が示されている**イ**が該当する。ボーキサイトとリチウムの生産量のうち，**ボーキサイト**は熱帯から亜熱帯の高温多雨地域に多く分布する。特にギニアとジャマイカの分布がポイントとなる。よって**ア**が該当する。**リチウム**は最も軽い金属で，オーストラリアとチリが主要生産国となっており，この2国で世界生産の8割近くを占める（2015年）。よって**ウ**が該当する。

21 （1）　正解は③

グラフ中の3種類の指標と各国の自然環境や経済水準を結びつけて考察する力を測る。

与えられた指標のうち，森林面積の減少率は，ブラジル，インドネシア，ナイジェリアなどの発展途上国の熱帯林で大きく，環境面からも問題視されている。木材輸出額は，森林面積が広く，特に用材としての需要が高い針葉樹に恵まれる国で多くなると考えられる。産業用の木材として，しばしば輸出されてきた用材に対し，**薪炭材**は燃料となる木材で，主に発展途上国で自給用に伐採されてきた。以上より，木材輸出額が最も大きいKは，タイガを基盤に林業が発達した**ロシア**で，凡例**チ**を用材，**タ**を薪炭材と判断する。林業の盛んな国では伐採後に植林するというサイクルが確立されており，ロシアも森林面積の減少率が小さい。LとMに関しては，経済発展している**ブラジル**では薪炭材のほか，用材の伐採や輸出も行われていると考えられるのでL，電気・ガスなどのインフラ整備が遅れた発展途上国の**エチオピア**では薪炭材としての伐採が大部分を占めているうえ，内陸国であるため木材輸出額も小さいと考えられるのでMとなる。

（2）　正解は②

　■一般化された概念と具体例との整合性を見きわめる力を測る。

①適当。家畜の糞尿は，本来は廃棄物であるが，肥料として用いることは資源として有効に利用しているといえる。

②不適。**マングローブ林をエビの養殖池に転換するために伐採すること**は，マングローブ林という「資源を有効活用」しているわけでなく，土地利用の改変にすぎない。もちろん，マングローブ林を伐採してエビの養殖池に改変することは，「資源の消費量を減らす」ことや，「使用済み資源や再生可能な資源の利用」にも当たらない。

③適当。都市鉱山は，ごみとして大量に廃棄されていた家電などの電子機器に含まれる金や**レアメタル**などの貴重な資源を鉱山に見立てて表現している。それらの資源を回収し，再利用することは使用済み資源の利用に当たる。

④適当。ペットボトルを返却すると一部返金される制度はデポジット制と呼ばれる。こうしてペットボトルを回収することは，「使用済み資源や再生可能な資源の利用」につながる。日本でもビール瓶などでデポジット制がとられている。

22 正解は③

　■アメリカ合衆国とヨーロッパの工業都市を比較検討する力を測る。

①適当。**ア**はピッツバーグ，バーミンガム，エッセン，シロンスク地方を示している。それぞれ付近にアパラチア炭田，ミッドランド炭田，ルール炭田，シロンスク炭田をひかえ，炭田立地型の**鉄鋼業**が発達した。

②適当。**イ**はヒューストン，ミドルズブラを示している。それぞれ付近のメキシコ湾岸油田，北海油田の原油を利用した**石油化学工業**が発達した。

③不適。**ウ**はシアトルとトゥールーズを示している。シアトルはボーイング社，トゥールーズはエアバス社の**航空機工業**が発達し，大型航空機を製造している。

④適当。**エ**はサンノゼ，ボストン，ロンドン，パリを示している。近隣の大学や研究機関と結びついて IT 産業などの**先端技術産業**が発達した。

　CHECK　先端技術産業の集積地域を，サンノゼ付近はシリコンヴァレー，ボストン周辺はエレクトロニクスハイウェイと呼んでいる。

23 正解は②

　■時期に注意してグラフ中の数値の変化を正確に読み取る力を測る。

①不適。Aは 1990 年代以降に輸出台数の比率が大きく伸びている点が特徴的で，統合の進む EU（ヨーロッパ連合）諸国向けに輸出台数が増加したドイツである。

②適当。Bは1980～1990年に自動車生産台数が世界第1位であったが，**貿易摩擦**を背景にアメリカ合衆国などでの現地生産が本格化し，生産台数が減少した日本である。

③**不適**。2000年の自動車生産台数が世界第1位であったCはアメリカ合衆国である。2008年の**リーマン=ショック**の影響で国内市場向けの生産台数が急減したうえ，新興国の成長もあり生産台数の世界に占める割合は2000年代に大きく**低下**した。

④**不適**。2010年の自動車生産台数が最も多いDは中国である。輸出台数の比率は依然として低いものの，2000年代以降の経済発展に伴って**国内市場が成長**し，自動車の生産台数が増大した。

24　正解は①

▌散布図を正確に読み取り，各産業の偏在性と対照させながら考察する力を測る。目新しいグラフが用いられている。**情報通信業**は情報の収集，処理などを行う産業であるが，高度な設備があれば，情報を処理できる少数の人材で成立する産業で，全従業者に占める割合は低いと考えられる。一方，知識集約型の産業で，工場などを必要としないため，都市部に立地する傾向が強いと考え，県庁所在都市集中度が高い①と判断しよう。なお，②は全従業者に占める割合も県庁所在都市集中度も低いことから，**農林漁業**が該当する。③はどの都道府県にもほぼ一定の割合で従業者があり，特に県庁所在都市への集中傾向もみられないことから，**卸売・小売業**が該当する。④は都道府県ごとのばらつきが大きいことから，**製造業**が該当する。製造業は，立地条件が原料，用地，道路，港湾，労働力などの条件に左右されやすいため，都道府県により全従業者に占める割合の差が大きく，県庁所在都市集中度もばらつきがあると考えるとよい。

25　正解は⑤

▌製鉄所の立地移動を資料や条件に即して考察する力を測る。
表1中に1901年には1トンの鉄鋼製品を生産するのに4.0トンの石炭と2.0トンの鉄鉱石が使用されていたことが示されているように，**重量減損原料を用いる鉄鋼業は原則として資源産地に立地**してきた。特に1900年前後は輸送費を抑えるために鉄鉱石よりも使用量が多かった石炭の産地に偏在したと考えられ，ウが該当する。その後使用量が減少した石炭に対し，鉄鉱石の使用量が上回ったので，1960年前後の製鉄所は**鉄鉱石産地に移った**と考えられ，アが該当する。1970年代以降は坑道掘りを行ってきた鉄鋼生産国の資源産出量が減少し，「図中の南東側の国が資源

輸出国となった」という条件に注意する。よって 2000 年前後には資源の輸入に便利な貿易港の周辺に立地しているイが該当する。

26　正解は②

▐ マトリックスに示された貿易額を正確に読み取る力を測る。

表１中で貿易額が最も多いのは中国からアメリカ合衆国への輸出で、中国からASEAN への輸出がそれに次ぐ。また、アメリカ合衆国からの輸出額は中国向けが最も多く、ASEAN からの輸出額は中国向けが最も多いことも読み取れる。こうした貿易状況を反映した図は②である。

27　正解は①

▐ グラフから読み取れる情報と各国の産業的な特徴とを結びつけて考察する力を測る。

ギリシャは海運業が盛んで、ヨーロッパ北中部などから多くのバカンス客も迎えてきた。よって輸送サービスや旅行サービスで黒字の①がギリシャである。ホンコン（香港）も中継貿易が盛んで、中国を中心とする観光客が集まるために同様の傾向を示すが、国際的な金融中心へと成長した近年は金融・保険サービスの黒字が多い②が該当する。スイスは伝統的に金融・保険業が発達してきたほか、山岳リゾートをかかえて観光収入が多いものの、所得水準が高く観光支出も多い。よって③がスイスである。ロシアは旅行サービスで大きく赤字を計上している④である。シベリア鉄道が国際輸送路として機能しており、輸送サービスは黒字となっている。

28　正解は①

▐ 国際的な労働力移動の現状と背景についての理解力を測る。

海外出稼ぎ労働者は、より高い賃金を求めて移動するため発展途上国に多いと考えられる。本国での送金受取額は、海外への出稼ぎ労働者が多いほど多いと考えられるため、インドとナイジェリアは表中の①か②に該当すると考えられよう。このうち①は送金受取額が極めて大きいことから、人口が大きく出稼ぎ労働者数が多い国、②は逆に送金支払額が極めて少ないことから、出稼ぎ労働者の流入が少なく国内労働市場が小さい国と考え、インドを①、ナイジェリアを②と判断しよう。なお、送金受取額、支払額ともに一定程度みられる③は EU 内で労働者の移動が考えられることからスペインである。④は石油収入を基盤に経済発展したサウジアラビアで、建設業や商業・サービス業での雇用機会を求めて多くの外国人労働力が流入した。

29　正解は ④

世界の食料問題に対する関心の高さを測る。

① 適当。「緑の革命」では，高収量品種の導入や灌漑施設の整備，化学肥料や農薬の普及などにより土地生産性が向上した。

② 適当。豪雨，干ばつなどの異常気象がもたらす農業への悪影響は，堤防や灌漑施設の整備が遅れた発展途上国の貧しい農村部で特に深刻である。

③ 適当。日本を含む先進国では，食生活の多様化を背景に肉類・乳製品，果物，海産物などの食料品を世界中から輸入しているが，日常的に大量の食品が廃棄されている。ただし，食料品の輸入が「国内消費を上回る量」に達するかどうかの判断は難しい。

④ 不適。フェアトレード（公正な貿易）とは，農産物や加工品などを適正な価格で輸入することで発展途上国の生産者の生活を支援し，自立を促進する取り組みをいう。

第2章

第3章　人口・村落・都市・生活文化　　要　点

　人口

>>> 地図で確認！

Q1　人口密度（2007年）の高低を示した凡例は，X・Yのどちらが高位？

Q2　アジア，アフリカ，オセアニア，北アメリカ，南アメリカ，ヨーロッパの人口変化はA〜Fのいずれ？

Q3　アメリカ合衆国（2018年），エチオピア（2019年），中国（2011年），日本（2021年）の人口ピラミッドは①〜④のいずれ？

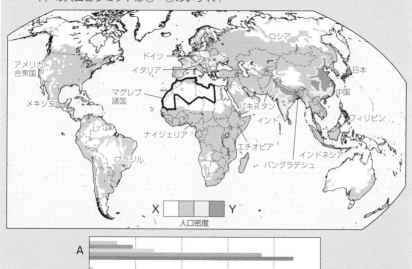

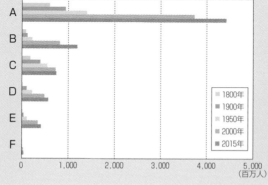

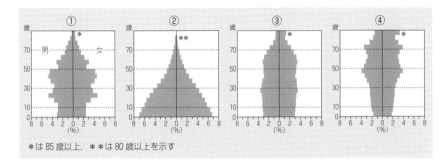

＊は 85 歳以上，＊＊は 80 歳以上を示す

>>> ここがポイント！―人口分布と人口変化の特色

●人口稠密地域は**モンスーンアジア，ヨーロッパ，北アメリカ北東部**
●世界人口の約 **60％がアジア**に分布
●総人口が 1 億人を超える国は **14 か国**（2020 年）

> 中国（約 14.4 億人），インド（約 13.8 億人），アメリカ合衆国（約 3.3 億人），インドネシア（約 2.7 億人），パキスタン（約 2.2 億人），ブラジル（約 2.1 億人），ナイジェリア（約 2.1 億人），バングラデシュ（約 1.6 億人），ロシア（約 1.5 億人），メキシコ（約 1.3 億人），日本（約 1.25 億人），エチオピア（約 1.1 億人），フィリピン（約 1.1 億人），エジプト（約 1.0 億人）

●人口変化は**自然増減**（出生−死亡）と**社会増減**（転入−転出）に起因
●発展途上諸国では**人口爆発**が顕著
　⇒人口ピラミッドは**富士山型**
　⇒**中国**では**人口抑制政策**，**タイ**などでは**経済成長**の影響で少子化して人口増加が鈍化
●近年の**年間人口増加数はアジア**，**増加率はアフリカ**が最大
●先進諸国では**少子高齢化**が顕著（平均寿命の伸長や女性の社会進出などが背景）
　⇒人口ピラミッドは**つり鐘型やつぼ型**
●老年人口比率が **7〜14％は高齢化社会**，**14〜21％は高齢社会**，**21％以上は超高齢社会**
●**超高齢社会**（2018 年）は**日本**（28.1％），**イタリア**（23.3％），**ドイツ**（21.7％）など少数
　⇒人口ピラミッドは**つぼ型**
●発展途上諸国から先進諸国へ向かう**国際的な人口移動**が活発化
　⇒**日本**には**アジア諸国や南アメリカ**（日系人が多くを占める），**アメリカ合衆国**には**南アメリカ**（ヒスパニック），**イギリス**には**南アジア諸国**，**フランス**には**マグレブ諸国**，**ドイツ**には**東欧諸国や地中海北東部諸国**の出身者が多い
●**外国人人口が多い都道府県**（2021 年末）は，**三大都市圏**と**自動車産業**が盛んな地域（**静岡，福岡，群馬，広島**）など

解答　**Q1**　Y　　**Q2**　アジア：A　アフリカ：B　オセアニア：F　北アメリカ：D
南アメリカ：E　ヨーロッパ：C　　**Q3**　アメリカ合衆国：③　エチオピア：②
中国：①　日本：④

都市

>>> 地図で確認！

Q1 都市人口率（2015年中位推計）の高低を示した凡例は，X・Yのどちらが高位？

Q2 ①〜⑩の大都市名は？

Q3 都市人口率の変化を示した下のグラフ中，アジア，アフリカ，ヨーロッパ，アングロアメリカ，ラテンアメリカはA〜Eのいずれ？

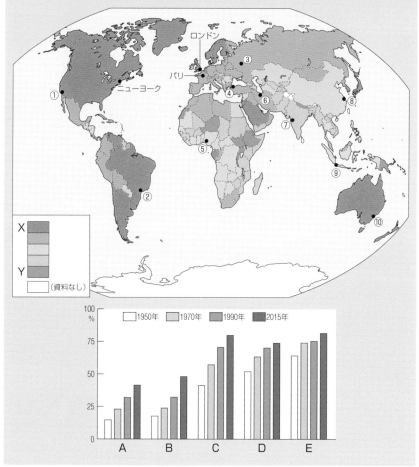

>>> ここがポイント！―都市の特色

●エクメーネのなかで農村（第1次産業が基幹産業）ではない集落が都市（第2・3次産業が基幹産業）

●都市は雇用力が大きいため，農村からの人口流入が活発

●産業構造が高度化している先進諸国では都市人口率が高い（＝農村人口率が低い）

　➡新大陸諸国では農業の省力化が進むなどして農村の雇用力が小さいため，**発展途上諸国であっても都市人口率が高い**

　➡国土の広範な地域がアネクメーネとなっている国も農業が不振なため，**発展途上諸国であっても都市人口率が高い**

●発展途上諸国にはプライメートシティ（突出した人口規模を有する首位都市）が出現

　➡都市化が遅れているため，農村からの人口移動が首都など**特定の都市への一極集中型**となる

●発展途上諸国の大都市ではスラム，ストリートチルドレン，インフォーマルセクター就業者が目立つ

　➡日雇い労働など，公的統計に反映されない就業形態がインフォーマルセクター

●先進諸国の大都市ではドーナツ化現象が発生

　➡中心部に昼間人口の多いC．B．D．（**中心業務地区**），郊外に夜間人口の多い住宅地区が形成され，**定住人口の郊外分散**が進む

●欧米諸国の大都市中心部ではインナーシティ問題が発生

　➡郊外化が進んだ結果，中心部で地価下落などの反都市化が生じて荒廃の進む現象がインナーシティ問題

●近年，先進諸国の大都市では再開発が活発化

　➡ロンドンの**ドックランズ地区**，パリのラ=デファンス地区など

　➡都心部の歴史的建造物の保護・保全を目的に，パリでは郊外のラ=デファンス地区に高層ビルを建設

　➡東京大都市圏では，バブル崩壊以降，定住人口の都心部への回帰現象が顕在化

●再開発に伴いジェントリフィケーションが発生

　➡再開発を契機に富裕層が流入して地価・家賃が高騰する現象で，ニューヨークの**ソーホー地区**はその典型

解答 **Q1** X　**Q2** ①ロサンゼルス　②サンパウロ　③モスクワ　④イスタンブール
⑤ラゴス　⑥テヘラン　⑦ムンバイ　⑧シャンハイ　⑨ジャカルタ　⑩シドニー
Q3 アジア：B　アフリカ：A　ヨーロッパ：D　アングロアメリカ：E
ラテンアメリカ：C

生活文化

>>> 地図で確認！

Q1 イスラム教，カトリック，プロテスタント，正教会，ヒンドゥー教，仏教の分布
地域はA～Fのいずれ？

Q2 6つの宗教・宗派の地域別宗教人口構成比（2014年）のグラフ中，①～④はアジ
ア，アフリカ，ヨーロッパ，ラテンアメリカのいずれ？

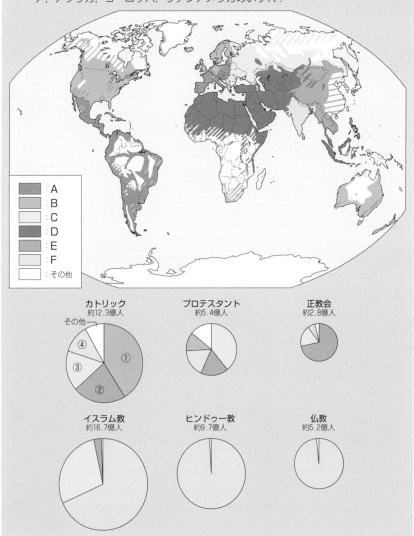

>>> ここがポイント！―宗教，言語，衣食住の特色

A　宗教（2014年），言語（2020年）

●宗教人口が多いのは**キリスト教**（世界人口の約33％），**イスラム教**（約23％），**ヒンドゥー教**（約14％），**仏教**（約7％）

●キリスト教には**カトリック**（宗教人口は約12.3億人），**プロテスタント**（約5.4億人），**正教会**（約2.8億人）の主要3宗派が存在

●イスラム教の主流派は**スンナ派**（ムスリムの約90％），少数派は**シーア派**（約10％，イラン中心）

●イスラム教やヒンドゥー教の優勢な地域では女性の地位が低い
　➡教育や識字率における男女の格差が大きい

●社会主義国（**中国，ベトナム，キューバ**など）や労働力不足が深刻な地域（新大陸や北欧諸国など）では女性の地位が高い

●話者が多い言語は**中国語**（約13億人），**スペイン語**（約4.6億人），**英語**（約3.7億人），**アラビア語**（約3.4億人），**ヒンディー語**（約3.4億人），**ベンガリー語**（約2.3億人），**ポルトガル語**（約2.3億人），**ロシア語**（約1.5億人）

●国連公用語は6言語（**英語，フランス語，ロシア語，中国語，スペイン語，アラビア語**）

B　衣食住

●サリーはインド，アオザイはベトナム，チマチョゴリは朝鮮半島の女性の伝統的衣装
　➡アオザイはベトナム語で「長い上着」の意味
　➡チマチョゴリはチマ（巻きスカート）とチョゴリ（上着）で構成される

●イスラム教徒は豚肉食や飲酒を忌避，ヒンドゥー教徒は牛肉食を忌避（ベジタリアンも多い）

●家計支出に占める食費の割合（エンゲル係数）は，一般に**発展途上諸国で高く，先進諸国で低い**

●アメリカ合衆国では家計支出に占める医療費の割合が高い（公的扶助制度が充実していないことが影響）

●伝統的家屋には植物性家屋と非植物性家屋が存在
　➡樹木気候地域では植物を建築材料に使用（熱帯の**高床式住居**，日本の**和風建築**，亜寒帯の**ログハウス**など）
　➡無樹木気候地域（乾燥帯・寒帯）では**テント式住居**や日干しレンガのように動物由来の素材や土砂などを建築材料に使用

解答　**Q1**　イスラム教：D　カトリック：A　プロテスタント：B　正教会：C
ヒンドゥー教：F　仏教：E　　**Q2**　①ラテンアメリカ　②ヨーロッパ　③アフリカ
④アジア

■ 現代世界の諸問題

>>> **地図で確認！**

Q1 難民発生数と難民受入数がそれぞれ50万人以上の国（2020年）を示したものは
　　 A・Bのいずれ？

Q2 2000年と2019年の日本の二国間ODA支出総額の地域別配分の特色を示した表の
　　 X・Yのうち，2019年のものはいずれ？

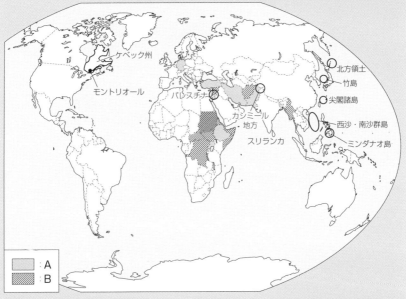

注）難民発生数50万人以上かつ難民受入数50万人以上の国には，AとBの凡例の両者が示されている。

	X	Y
北 東 ア ジ ア	0.8	10.7
東 南 ア ジ ア	25.0	33.4
そ の 他 の ア ジ ア	35.2	15.9
中東・北アフリカ	10.3	7.8
中 南 ア フ リ カ	10.6	8.5
中 南 ア メ リ カ	2.8	8.8
そ の 他	15.3	14.9

（単位は%）

⟩⟩⟩ ここがポイント！―地域紛争，開発援助，環境問題の特色

A　地域紛争

●紛争は異なる文化・文明の接点で頻発

●パレスチナ紛争はイスラム教（アラブ諸国）とユダヤ教（イスラエル）の対立

●スリランカ内戦は仏教（シンハリ人，総人口の約80％）とヒンドゥー教（タミル人，約10％）の対立

●カシミール紛争はイスラム教（パキスタン）とヒンドゥー教（インド）の対立

●フィリピン南部（ミンダナオ島一帯）ではキリスト教とイスラム教が対立

　➡フィリピンではキリスト教カトリックが優勢だが，ミンダナオ島一帯ではイスラム教が優勢

●カナダ東部（ケベック州一帯）ではイギリス系・フランス系両住民が対立

　➡カナダのフランス系住民は総人口の約15％だが，ケベック州（モントリオール中心）では州住民の約80％を占める

●日本は北方領土を巡りロシア，竹島を巡り韓国，尖閣諸島を巡り中国と対立

●南シナ海の西沙・南沙群島を巡り中国，ベトナム，フィリピンなどが対立

B　開発援助

●日本は対アジアのODA比率が高い

　➡近年は対アフリカの比率も上昇

●EU諸国と比べて，アメリカ合衆国や日本はODAの対GNI比率が低い

C　環境問題

●地球温暖化の原因物質はCO_2などの温室効果ガス（化石燃料消費時などに排出）

●地球温暖化によって氷河の融解，海水準上昇，気候変動が生じ，環境難民が発生

　➡低地（サンゴ礁や三角州など）の水没や砂漠化の進行でアネクメーネが拡大

●酸性雨の原因物質は硫黄酸化物（SO_x）・窒素酸化物（NO_x）（化石燃料消費時などに排出）

　➡大気とともにSO_x・NO_xが移動し，風下側地域で森林の枯死などの被害を誘発

●オゾン層破壊の原因物質はフロンガス（世界的に消費抑制が進む）

　➡オゾンホールが形成されると有害な紫外線の地表への到達量が増大し，皮膚がんなどの健康被害が発生

●砂漠化は自然的要因（気候変動など）と人為的要因（過剰な土地利用など）で進行

解答 **Q1**　難民発生数が50万人以上の国：B　難民受入数が50万人以上の国：A

Q2　X

第3章 人口・村落・都市・生活文化　問題

☐
☐
30 人口移動から地域間の結びつきを読み取ることができる。次の図中の①～④は，東北，甲信越*，北陸**，中国の各地方の人口移動について，三大都市圏（東京圏，名古屋圏，大阪圏）およびそれ以外***への転出人口の内訳を示したものである。北陸地方に該当するものを，図中の①～④のうちから一つ選べ。

*新潟県，山梨県，長野県。
**富山県，石川県，福井県。
***自地方内での移動を除く。

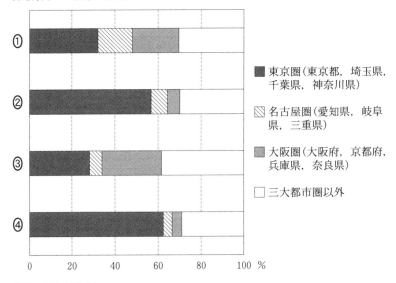

統計年次は2010年。
『住民基本台帳人口移動報告』により作成。

〔2015 年度本試 地理B〕

各国の福祉に興味をもったヨシエさんは，OECD（経済協力開発機構）*加盟国の国内総生産（GDP）に対する社会保障負担**と租税負担の割合を調べて，図1を作成した。さらにヨシエさんは，そのうちA〜Dの4か国に関してGDPに対する教育への公的支出***の割合と従属人口指数****を表1に整理した。A〜Dは，カナダ，チリ，日本，フィンランドのいずれかである。Bに該当する国を，下の①〜④のうちから一つ選べ。

*各国の経済発展，貿易の拡大，発展途上国の支援を目的に，主に先進国が加盟している国際機構。

**年金，医療保険など。

***教育機関への直接支出と家計に与えられ教育機関によって管理される教育関連の公的助成金など。

****生産年齢人口に対する年少人口・老年人口の合計値の割合。

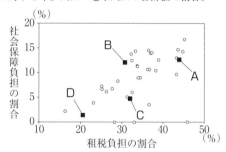

統計年次は2015年。

OECDの資料により作成。

図　1

表　1

	GDP に対する 教育への公的支出の割合（％）	従属人口指数
A	5.6	60.5
B	2.9	67.5
C	4.4	49.9
D	3.4	45.4

統計年次は教育への公的支出が2015年，従属人口指数は2018年。

OECD の資料により作成。

① カ ナ ダ 　　② チ リ 　　③ 日 本 　　④ フィンランド

〔2018 年度本試 地理B・改〕

32 次の図1中の**カ～ク**は，オーストラリア，韓国，ケニアのいずれかの国におけ る，国全体の人口および人口第1位の都市の人口に占める，0～14歳，15～ 64歳，65歳以上の人口の割合を示したものであり，**a**と**b**は，国全体あるいは人口 第1位の都市のいずれかである。オーストラリアの人口第1位の都市に該当する正し い組合せを，下の①～⑥のうちから一つ選べ。

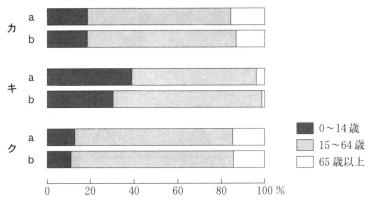

統計年次は，オーストラリアが2016年，韓国が2018年，ケニアが2019年。
Australian Bureau of Statistics の資料などにより作成。

図　1

① カ－a　　　　② カ－b　　　　③ キ－a
④ キ－b　　　　⑤ ク－a　　　　⑥ ク－b

〔2021年度本試① 地理B〕

33 次の図は，いくつかの国における人口の偏在の度合い*と1人当たり総生産の国内地域間格差を示したものであり，①〜④は，オーストラリア，オランダ，南アフリカ共和国，メキシコのいずれかである。オーストラリアに該当するものを，図中の①〜④のうちから一つ選べ。

*総人口のうち，人口密度の高い上位10％の地域に住む人口の比率。

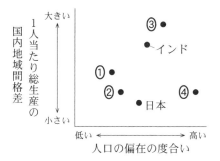

統計年次は，人口の偏在の度合いが2012年，1人当たり総生産の国内地域間格差が2010年。
OECD, *Regions at a Glance 2013* により作成。

〔2017年度本試 地理B〕

34 次の図1は，北半球を赤道から緯度15度ごとに区切った範囲を示したものであり，表1中の①〜④は，図1中のア〜エのいずれかの範囲における人口300万人以上の都市*の数の推移を示したものである。ウに該当するものを，表1中の①〜④のうちから一つ選べ。

*各時点での各国の統計上の定義による。

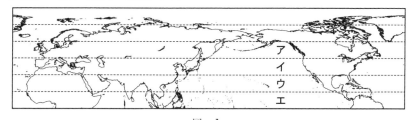

図　1

表　1

	1975 年	1995 年	2015 年
①	21	33	54
②	6	19	39
③	6	8	9
④	4	8	15
世界全体	44	79	141

World Urbanization Prospects により作成。

〔2020 年度本試　地理B〕

35 次の図は，イギリスの大都市郊外に計画的に建設された住宅都市の街路の形態を示したものである。下の文はタツキさん，モモカさん，リオさんがこの住宅都市について考察した内容を述べたものである。文中の下線部の正誤を判定し，最も適当なものを，下の①～⑧のうちから一つ選べ。

タツキ　「町をとり囲むような道路は，かつての城壁の跡地を活用して敷設されたのではないかな。」

モモカ　「行き止まりの道が目立つ町の内部には，住民に無関係の自動車があまり入ってこないんじゃないかな。」

リ　オ　「時計回りに進むように決められた環状の交差点は，信号機がなくても自動車が安全に通行できる工夫に見えるわ。」

	①	②	③	④	⑤	⑥	⑦	⑧
タツキ	正	正	正	正	誤	誤	誤	誤
モモカ	正	正	誤	誤	正	正	誤	誤
リ　オ	正	誤	正	誤	正	誤	正	誤

〔2015 年度本試 地理 B・改〕

36 人口約 40 万人の日本のある市に居住するユウキさんは，中心市街地，主要道路，鉄道の分布を示した基盤地図（ベースマップ）に大型小売店，銀行[*]，小学校の位置情報を示すレイヤー[**]を重ね合わせて，市内の各施設の分布図を作成しようとしている。次の図 1 は，ユウキさんが用意した基盤地図であり，図 2 中の**ア～ウ**は図 1 と同じ範囲における大型小売店，銀行，小学校の位置情報を示したレイヤーである。**ア～ウ**と施設名との組合せとして適当なものを，次の①～⑥のうちから一つ選べ。

[*] 信用金庫，信用組合，郵便局などは含まない。
[**] グラフィック・ソフトで画像が描かれる面のこと。

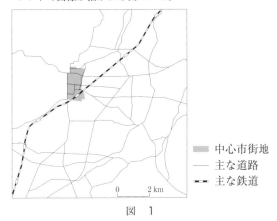

　中心市街地
── 主な道路
▪▪ 主な鉄道

0　　2 km

図　　1

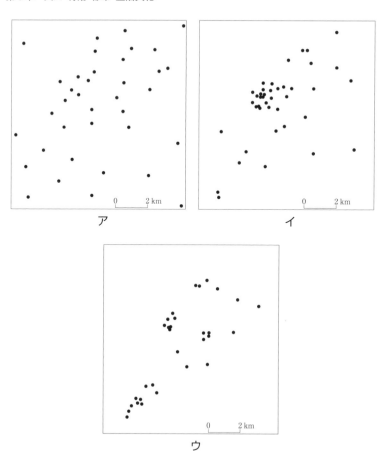

図　2

	ア	イ	ウ
①	大型小売店	銀　行	小学校
②	大型小売店	小学校	銀　行
③	銀　行	大型小売店	小学校
④	銀　行	小学校	大型小売店
⑤	小学校	大型小売店	銀　行
⑥	小学校	銀　行	大型小売店

〔2014年度本試　地理Ｂ・改〕

37 次の図は，いくつかの時期における東京圏（島嶼部を除く東京都，神奈川県，埼玉県，千葉県）の市区町村別人口増加率を示したものであり，**カ～ク**は，1985 年～1990 年，1995 年～2000 年，2005 年～2010 年のいずれかである。図中の**カ～ク**について古いものから年代順に正しく配列したものを，下の①～⑥のうちから一つ選べ。

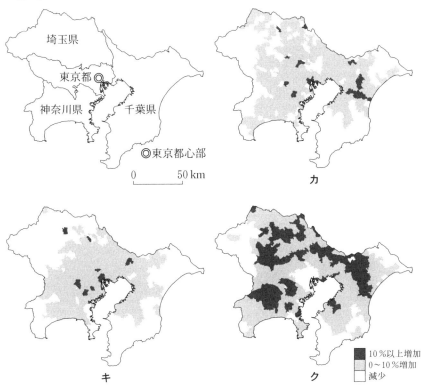

国勢調査により作成。

① カ→キ→ク   ② カ→ク→キ   ③ キ→カ→ク

④ キ→ク→カ   ⑤ ク→カ→キ   ⑥ ク→キ→カ

〔2017 年度本試 地理B〕

38 先進国の大都市内部の衰退した地区において，専門的職業従事者などの経済的に豊かな人々の流入と地区の再生が進む現象は，ジェントリフィケーションという概念で説明される。次の図1は，ある先進国の大都市の中心業務地区付近の概要といくつかの指標を示したものである。ジェントリフィケーションがみられる地区として最も適当なものを，図1中の①～④のうちから一つ選べ。

主要道路　　地下鉄
鉄道　　市役所

中心業務地区付近の概要

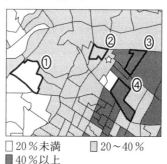

20％未満　　20～40％
40％以上

2000年の居住者の貧困率

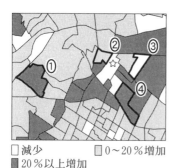

減少　　0～20％増加
20％以上増加

大学を卒業している居住者の増減
（2000～2015年）

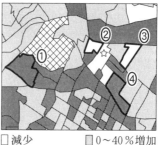

減少　　0～40％増加
40％以上増加　　データなし

賃料の増減
（2000～2015年）

UCLA Lewis center の資料などにより作成。

図　1

〔2022年度本試 地理B〕

39 メキシコシティには農村から大量の人口が流入し，不良住宅地（スラム）が形成されている。次の図の①〜④は，メキシコシティにおける高級住宅地，中級住宅地，低級住宅地，不良住宅地のいずれかの分布を示したものである。不良住宅地に該当するものを，図の①〜④のうちから一つ選べ。

中心業務地区の南西部に比較的まとまって分布している。
①

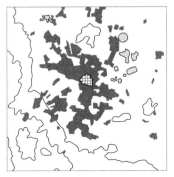

中心業務地区を囲むように，平坦地に広く分布している。
②

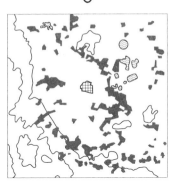

都市外縁部の平坦地や斜面に広く分布している。
③

都市最縁辺部の低湿地周辺や斜面に多く分布している。
④

███ 住宅地　　〰 湿地・水辺　　▦ 中心業務地区

Diercke Weltatlas, 2002 により作成。

〔2013 年度本試 地理Ｂ〕

第3章

40 次の表1は，いくつかの国について，1人1日当たりの食料供給量とその中で
肉類，牛乳・乳製品が占める割合を示したもので，A〜Cはインド，オランダ，
モンゴルのいずれかである。また，図1中のア〜ウは，それぞれの国における牛乳・
乳製品の生産や消費について高校生のノゾミさんが調べた内容を記したメモである。
A〜Cとア〜ウの組合せとして正しいものを，次の①〜⑥のうちから一つ選べ。

表　1

	1人1日当たりの 食料供給量（kcal）	肉類が占める 割合（％）	牛乳・乳製品が 占める割合（％）
A	3,521	8.8	8.0
B	2,960	21.5	14.3
C	2,599	0.7	9.7

統計年次は2020年。
FAOSTATにより作成。

ア	イ	ウ
MEMO 干拓地などに広がる牧草地では大規模な酪農が行われており，乳製品は周辺国にも輸出されている。	MEMO 経済成長に伴って，最近は牛乳・乳製品の生産量や消費量が伸びており，白い革命と呼ばれている。	MEMO 牛，羊，馬などから搾った乳の加工品は白い食べ物と呼ばれ，夏の期間の大切な食料となってきた。

図　1

	①	②	③	④	⑤	⑥
A	ア	ア	イ	イ	ウ	ウ
B	イ	ウ	ア	ウ	ア	イ
C	ウ	イ	ウ	ア	イ	ア

〔2017年度本試　地理A・改〕

41 先進国における菓子や茶の文化には，過去の植民地とのつながりの中でつくられてきたものもある。次の写真に示すイギリスのアフタヌーンティーには，茶をはじめ，そうしたつながりを想起させる食品が使われている。写真について述べた下の文章中の空欄**サ**と**シ**に当てはまる語句の正しい組合せを，下の①～④のうちから一つ選べ。

Petereleven/Shutterstock.com
＊著作権の都合上，類似の写真に差し替え。

　アフタヌーンティーという習慣が普及した背景には，間食によって栄養を補給する目的もあったといわれる。砂糖は，紅茶の甘味料や菓子の材料として使われているが，これはかつて（　**サ**　）地域のプランテーション農業からもたらされて使用が広まったものである。また，ケーキに用いられているチョコレートは，カカオ豆を原料としている。カカオ豆の生産もヨーロッパ諸国による植民地支配と深くかかわっており，例えばイギリスの旧植民地である（　**シ**　）は，2014 年時点で世界第 2 位の生産量を誇る。

	①	②	③	④
サ	カリブ海	カリブ海	北アフリカ	北アフリカ
シ	ガーナ	タンザニア	ガーナ	タンザニア

〔2018 年度本試 地理Ａ〕

42 次の図1を見て，生活文化と都市に関する下の問いに答えよ。
（編集部注）　図には一部設問と関係のない記号も含まれている。

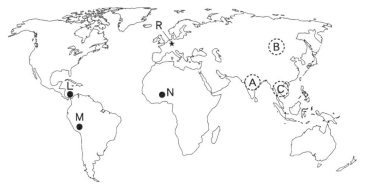

図　1

伝統的な住居の建築材料は地域ごとに大きく異なる。次の写真1中の**カ～ク**は，図1中の**L～N**のいずれかの地点で撮影されたものである。**カ～ク**と**L～N**との正しい組合せを，下の**①～⑥**のうちから一つ選べ。

カ　石造りの住居

キ　植物の葉と茎でつくられた住居

ク　土壁の住居

写真　1　　　　　　　　＊出典：小松義夫『地球生活記』

	①	②	③	④	⑤	⑥
カ	L	L	M	M	N	N
キ	M	N	L	N	L	M
ク	N	M	N	L	M	L

〔2013 年度追試 地理B〕

43 生活と宗教とのかかわりについて述べた文として**適当でないもの**を，次の①〜④のうちから一つ選べ。

① 東ヨーロッパやロシアおよびその周辺のかつて社会主義体制にあった地域の多くでは，宗教が復興し，日常生活上の宗教活動も活発化している。

② 西アジアやアフリカなどのイスラム教徒が多く住む地域では，太陰暦が用いられることが多く，休日の設定にも宗教の影響がみられる。

③ 南アジアなどヒンドゥー教徒が多く住む地域では，かつての身分制がまだ完全に払拭されず，自由な結婚や職業選択の障害になることが多い。

④ 東南アジアの一部など上座部仏教が広く浸透した地域では，経典を通じて漢字が普及し，今日でも日常的な文書に漢字を用いる人が多い。

〔2011 年度追試 地理B〕

44 民族の文化的・歴史的背景の違いが，時として紛争に結びつくことがある。下のカ〜クの文は，次の図中のA〜Cのいずれかにおける地域紛争を説明したものである。A〜Cとカ〜クとの正しい組合せを，下の①〜⑥のうちから一つ選べ。

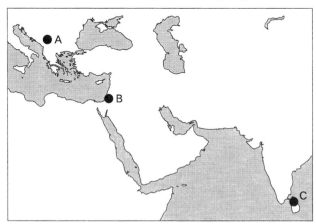

カ　1948年に建国を宣言した民族と，これに反対する周辺諸国との間で，紛争が起きている。

キ　ヒンドゥー教徒であるタミル人と，仏教徒であるシンハリ（シンハラ）人との間で，紛争が起きた。

ク　ムスリム（イスラム教徒）を中心とした民族が独立運動を起こし，紛争を経て独立に至った。

	①	②	③	④	⑤	⑥
A	カ	カ	キ	キ	ク	ク
B	キ	ク	カ	ク	カ	キ
C	ク	キ	ク	カ	キ	カ

〔2017年度追試　地理B〕

45　世界の人口に関する次の問いに答えよ。

（1）次の図1は，世界の主な国の人口のカルトグラムに人口密度を示したものである。図1から読み取れることがらを述べた文として最も適当なものを，下の①〜④のうちから一つ選べ。

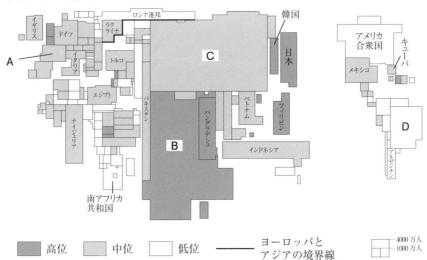

統計年次は，人口が2012年または2014年，人口密度が2015年。
『世界国勢図会』などにより作成。

図　1

① ヨーロッパでは，国土面積が小さく，人口密度が高位の国が集中している。

② アジアは人口が最も多く，特に東アジアや南アジアでは人口密度が高位や中位の国が多い。

③ アフリカは人口増加率が高く，人口密度も高位の国が多い。

④ ラテンアメリカでは，人口密度が中位や低位の国が多く，特に中央アメリカでは低位の国が多い。

（2）次の図2中の①～④は，図1中のA～Dのいずれかの国の人口ピラミッドを示したものである。Dに該当するものを，図2中の①～④のうちから一つ選べ。

第3章

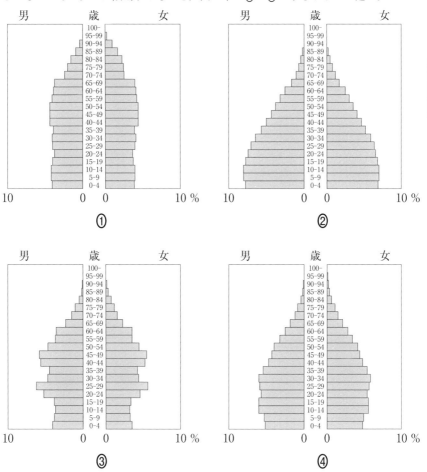

統計年次は 2015 年。

『国連人口統計』により作成。

図　2　　〔第1回プレテスト　地理B〕

46 次の図1は、人口ピラミッドを示したものであり、**サ**と**シ**はシンガポールとドイツのいずれか、**D**と**E**は国全体と外国生まれのいずれかである。シンガポールの外国生まれに該当するものを、図1中の①~④のうちから一つ選べ。

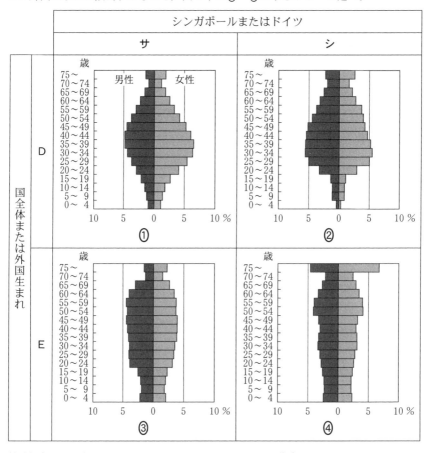

統計年次は2019年。*International migrant stock 2019* により作成。

図　1

〔2022年度本試　地理B〕

第3章 人口・村落・都市・生活文化 / 解答

30 正解は①

▌空間的な結びつきの強さを各地方の位置関係から連想する力を測る。

全国的には東京圏への移動が中心になるが，近接地域への移動も多い点を念頭において考えたい。大阪圏の割合が高い①と③が近接する北陸地方，中国地方のいずれかである。特に北陸地方は距離的に近い名古屋圏への転出人口も多いと考えて①と判断し，残った③が中国地方となる。なお，②，④は東京圏が多いが，そのうち，名古屋圏，大阪圏の割合がやや高い②は中部地方に含まれる甲信越地方，④は東北地方が該当する。

31 正解は③

▌各国の特性に関わる知識と資料から先進国としての共通性を見出す力を測る。

租税負担や社会保障負担が大きいものの，教育への公的支出割合も高いAは高福祉・高負担で知られる北欧諸国の**フィンランド**である。フィンランド以上に従属人口指数が大きいBは，高齢化水準が著しく高い**日本**であるが，租税負担に対して年金，医療保険料などの**社会保障負担の割合が高い**点や**教育への公的支出の割合が低い**点が特徴的である。Dは租税負担や社会保障負担の割合が目立って低くなっている。OECD（経済協力開発機構）には主に先進国が加盟していることを考慮すると，他国と傾向が異なるDは日本や欧米諸国より経済水準の劣る**チリ**と推測できる。残った**カナダ**がCで，移民の影響もあって日本やヨーロッパ諸国ほど高齢化が深刻化しておらず，従属人口指数は比較的低い。

32 正解は②

▌グラフから年齢別人口構成の違いを読み取り，国家間・地域間で比較・考察する力を測る。

図1の**カ〜ク**のグラフをみると，まず**キ**は65歳以上の老年人口の割合が極めて低く，0〜14歳の年少人口の割合が**カ**と**ク**より高い。農業が中心の発展途上国に多くみられる人口構成と考えられ，**ケニア**が該当する。発展途上国では，子どもが労働力として期待され，出生率が高く年少人口の割合が高い国が多い。**カ**と**ク**は年齢別人口構成が似ているが，**ク**の方が年少人口率が低い。韓国では近年，働く女性の子育て環境が整っていないことや，子どもの教育費の負担が大きいことなどから急

速に出生率が低下し，少子化に直面している。一方，オーストラリアは若い世代の
移民人口も多く，出生率は先進国の中では比較的高いと考えられる。よって，**ク**は
韓国，**カ**は**オーストラリア**が該当する。次に，人口第1位の都市は，その国の中で
も政治，経済などの活動の中心であり，15〜64歳の生産年齢人口の割合は国全体
より高いと考えられる。特に発展途上国では就業機会を求める人口流入が顕著で，
その傾向は強いと考えられる。よって，**キ**をはじめ，すべてのグラフで15〜64歳
の人口の割合が高い**b**が人口第1位の都市に該当し，オーストラリアと組み合わせ
ると②が正解となる。

33　正解は④

各国の人口分布や地域間格差の現状や背景を理解できているかを測る。
1国における人口の偏在の度合いを，国内の特定の地域に集中して住む人口の割合
と考えると，その大小は自然環境や社会環境の影響を強く受ける。自然環境に関し
ては，気候，地形などの条件から特定の地域に居住が限定される国，社会環境に関
しては，社会資本が特定の地域に集中している国の偏在性が大きいと考えられよう。
逆に，自然環境，社会環境が国土全体に均質な国は，偏在性が小さいと考えられる。
また，1人当たり総生産の国内地域間格差は，都市と農村間などで起こりうるが，
その格差について補助金などの対策がとられている国は小さいが，そうでない国は
大きいと考えられる。発展途上国のインドで大きく，先進国の日本で小さいことが
示されていることも参考になる。これらの点から，**オーストラリア**は乾燥地域が広
いため，人口の偏在性が高く国内地域間格差の小さい④が該当する。**メキシコ**は首
都メキシコシティへの人口集中が顕著なうえ，工業化の進展で地域間の経済格差が
拡大しているため，③が該当する。残った①・②については先進国の**オランダ**が②，
発展途上国の**南アフリカ共和国**が①となる。

34　正解は②

各緯度帯の自然環境や社会・経済状況から都市数とその変動を推察する。
産業構造の高度化に伴って早くから大都市の形成がみられた先進国に対し，近年は
発展途上国でも都市化が急速に進んでいる。高緯度に広がる**ア**は，西ヨーロッパを
除いて大部分が亜寒帯（冷帯）で占められ，広く森林（針葉樹林）に覆われている。
よって**ア**は，1975年の6都市に対してその後の増加率が鈍い③である。中緯度に
広がる**イ**は，人口が集中する温帯の割合が高いうえ，先進国であるアメリカ合衆国
や日本なども含んでおり，すでに1975年時点で大都市数が多かった①である。そ
の後の韓国や中国の工業化が大都市数のさらなる増加を促した。熱帯や乾燥帯の割

合が高い低緯度に広がり，発展途上国が集まる**ウ・エ**は，1975年の大都市数は多くなかったものの，その後の増加が顕著な②・④のいずれかである。とりわけ**ウ**の範囲には，人口規模が大きく，経済発展が目覚ましい中国，インドやメキシコが含まれるため，大都市数の増加率が最も高い②がこの範囲に該当すると考えられる。一方，**エ**の範囲では，東南アジアなど一部を除いて工業化の遅れた後発発展途上国が目立つが，こうした国々でも貧困問題をかかえる農村地域から都市への人口流入が進んでおり，大都市は増加傾向にあるので④がこの範囲に該当する。

35　正解は⑤

街路図から住宅都市の計画性を類推する力を測る。

中世以前に成立したヨーロッパの都市は城壁に囲まれたものが多かった。こうした都市では城壁の跡地を道路として利用している事例も珍しくないが，図中の都市は**計画的に建設された住宅都市**であり，成立年代が新しいと考えられるため，タッキさんの考察は正しくない。町を取り囲むような道路は，自動車が住宅地の広がる内部に進入することを防ぎ，交通の安全を図るために整備されたと考えられる。**町の内部に行き止まりの道**が多く，通り抜けにくくなっている点も同様に説明でき，そうした道路の利用は居住者などに限られていた。よって，モモカさんの考察は正しい。町の外周路に見られる**環状の交差点**では，自動車は定められた方向にカーブを描きながらゆっくりと進行するため，渋滞を引き起こす信号機を設置しなくても安全に交通を整理できる。よって，リオさんの考察は正しい。このような環状交差点をラウンドアバウトと呼び，日本でも徐々に整備されている。

36　正解は⑥

都市的施設の立地特性を踏まえてそれぞれの分布図を読み取る力を測る。

それぞれの施設の立地の傾向を確認しよう。大型小売店は駅周辺や車での移動が便利な郊外の幹線道路沿いに立地する。銀行は駅周辺や中心市街地に集中する。小学校は教育環境や人口分布を考慮し，一定間隔を空けて分散して配置され，駅や幹線道路の近くにはあまり集中しない。これらの観点から図2をみると，**ア**は図の左上，右上のように主要道路から離れた場所にも立地し，**全体に分散しているので小学校**と考えられよう。**イ**は駅前の中心市街地に多く分布しており，銀行が該当する。**ウ**は図の左下の道路に沿って集中しているように**郊外の幹線道路沿いや駅前に多く分布**しており，大型小売店が該当する。

37　正解は⑤

�restangle 人口の増加・減少の地域や面積の変化を地図から読み取る力を測る。

与えられた3つの時期における日本の経済・社会の状況を考えてみよう。1985年～1990年は，**バブル景気**が訪れ金融業などの成長で経済が好調であったため，地方から首都圏に人口が集中した。それにより，都心部の地価が高騰したため郊外へのドーナツ化現象が起こった。よって，これらの状況が読み取れる**ク**が該当する。1995年～2000年と2005年～2010年は，バブル経済崩壊以降の経済が停滞した時期で，人口の大幅な増加はみられず，**カ**，**キ**いずれかの判別は難しい。しかし，**カ**と**キ**の違いを細かくみると，**カ**の方が人口増加地域の面積が広いこと，逆に**キ**は人口減少地域の面積が広いこと，**キ**では人口の都心回帰がさらに明瞭になっていることなどが読み取れる。首都圏でも少子高齢化による人口の減少が起こり始め，生活に便利な都心のマンションなどへの転居が進んでいると考えると，1995年～2000年は**カ**，2005年～2010年は**キ**が該当する。

38　正解は④

▮ 一般化された概念と具体的事象との整合性を判断する力を測る。

ジェントリフィケーションは，大都市内部の衰退した地区において，再開発などを契機として，生活の利便性を求める専門職従事者など高学歴で所得の高い階層が移り住む現象をいう。再開発や富裕層の増加に伴い，地価・家賃は高騰する。与えられた指標が示す図をみると，中心業務地区付近の概要の図から，①以外は都心に近く交通網が発達している地域に立地している。また，2000年の居住者の貧困率の図から，①は貧困率が低く，都市内部の貧困層が多い衰退した地区であったとは考えにくい。よって，①は不適と考えられよう。また，大学を卒業している居住者の増減を示す図からは，③は減少しているため不適と考えられる。賃料の増減を示す図では，②は減少しているが，④は40％以上増加している。よって，④が該当する。

39　正解は④

▮ 等高線を手がかりに対象地域を立体的に捉え，居住地の分化を考察する力を測る。

メキシコシティの住宅地は，所得の違いによる住み分け（セグリゲーション）がみられる。スラムと呼ばれる**不良住宅地**は貧困層が多く住む地域で，一般に低湿地や傾斜地など，居住環境の最も劣悪な土地に形成される。図中「**湿地・水辺**」の表示と等高線で示された海抜高度を参考に居住地域を考えると，不良住宅地は④と判断できよう。なお，①は中心業務地区の南西部に比較的まとまって分布しており，高

級住宅地が該当する。②，③は中心業務地区から郊外に広がっているが，主に平坦地に分布する②は**中級住宅地**，都市外縁部の平坦地から傾斜地に分布する③は**低級住宅地**が該当する。

40 正解は②

■ 各国の食生活の特徴や変化に対する関心・理解を測る。

表1中で1人1日当たりの食料供給量が最も多く，肉類や牛乳・乳製品の消費割合も高い**A**国を，先進国のオランダと考える。オランダは，**ポルダー**と呼ばれる干拓地で酪農が盛んで，周辺のヨーロッパ諸国との貿易も活発であることから，**ア**のメモが当てはまる。**B**国は，1人1日当たりの食料供給量でオランダを下回るものの，肉類が占める割合ではオランダを上回り，牛乳・乳製品の消費割合も比較的高いことから，伝統的に**遊牧**が行われてきたモンゴルである。モンゴルの遊牧民にとって「白い食べ物」と呼ばれる牛，羊，馬などの乳製品は，「赤い食べ物」と呼ばれる肉とともに大切な食料で，**ウ**のメモが該当する。残った**C**国がインドで，牛肉を食べないヒンドゥー教徒が多数を占めることやイスラム教徒（ムスリム）も豚肉を食べないことなどから肉類の消費は低調である。しかし，近年の経済成長に伴って牛乳や乳製品の消費は伸びており，「**白い革命**」について記された**イ**のメモが該当する。

41 正解は①

■ プランテーション作物の生産地域の違いに関する知識や理解を測る。

サ．砂糖を得るサトウキビの栽培には，生育期に高温多湿で，収穫期に乾燥するサバナ気候が適している。プランテーションが盛んに行われていた地域としては，乾燥帯に広がる北アフリカではなく，キューバなどヨーロッパの植民地であった**カリブ海**が該当する。

シ．カカオ豆はギニア湾岸が主産地である。2014年時点で世界第2位の生産国は**ガーナ**であり，第1位はコートジボワールである。

42 正解は③

■ 伝統的な住居の違いを自然環境と関連づけて考察する力を測る。

カ．「石造りの住居」は，冷涼な気候や乾燥により樹木が乏しい地域に多い。背後に険しい山がみえることから，**アンデス山脈**付近に位置する**M**と判断しよう。

キ．建築材料に「植物の葉と茎」が用いられていることや，背後にヤシの木がみられることから，高温多湿な**熱帯**気候下のパナマ付近に位置する**L**と考えられる。

ク．「土壁の住居」であることから，樹木が少ない乾燥地域と考え，**サヘル**にあたるNが該当する。

43 正解は④

■ 世界各地のさまざまな生活や宗教に対する関心・理解を測る。

①**適当**。東ヨーロッパ諸国やロシアでは，社会主義体制崩壊以降，宗教の自由が認められるようになり，各地で教会やモスクが再建されている。

②**適当**。**イスラム教徒**が多く住む国では，**ヒジュラ暦**と呼ばれる太陰暦が用いられ，金曜日を休日にするなど，イスラム教の影響が強い。

③**適当**。**ヒンドゥー教徒**の多いインドでは，結婚やさまざまな行事は同じ**カースト**内だけで行われるなど日常生活の障害となることがある。憲法でカーストによる差別は禁止されているが，かつての身分制が完全に払拭されているとはいえない。

④**不適**。東南アジアでは，**タイ**，**ミャンマー**，カンボジア，ラオスなどに**上座部仏教**が広く浸透している。ただし，タイ語やミャンマー語の表記には南インド系の文字の影響を受けた表音文字が用いられている。漢字は中国で生まれ，東アジアに広まった。

44 正解は⑤

■ 現代世界にみられる民族紛争についての基本的な知識を測る。

図中の**A**はバルカン半島中部の**コソボ**付近を示している。コソボは，かつてセルビア共和国内の自治州であったが，イスラム教徒のアルバニア人が大半を占め，セルビアとの武力衝突を経て，2008年に独立した。よって**ク**が該当する。**B**はイスラエル付近を示している。1948年のユダヤ人による**イスラエル**建国以来，イスラエルと周辺のアラブ諸国との間で4度の**中東戦争**が勃発し，現在も対立が続いていることはよく知られる。よって**カ**が該当する。**C**はスリランカ北部を示している。スリランカでは多数派で仏教徒であるインド＝ヨーロッパ語族の**シンハリ人**中心の政府と，少数派でヒンドゥー教徒であるドラヴィダ系の**タミル人**勢力とが対立してきたが，2009年に内戦は終結した。よって**キ**が該当する。

45 （1）正解は②

■ カルトグラムから地理情報を正確に読み取る力を測る。

①**不適**。ヨーロッパでは人口密度が高位の国が集中しておらず，オランダ，ベルギーなどに限られる。

② 適当。図 1 中に「ヨーロッパとアジアの境界線」が引かれていることに注意する
　と，B・C国を含むアジアの面積は他地域より広く，人口が最多と判断できる。
　また，B国，バングラデシュ，日本，フィリピンなどが高位を示すほか，C国，
　インドネシア，パキスタン，ベトナムなど中位の国が残りの大部分を占めている。
③ 不適。アフリカの人口増加率は高いが，図 1 からは読み取れない。さらに，人口
　密度が高位に相当する国は 2 か国しか読み取れない。
④ 不適。ラテンアメリカでは，中央アメリカに中位の国が比較的多く，低位の国は
　特に南アメリカに集まっている。

（2）　正解は④

　　各国の社会・経済状況と人口構成との関係を理解しているかを測る。

人口が特に多い 2 か国のうち，バングラデシュとパキスタンの間に位置するB国が
インド，日本や韓国の西側に位置するC国が中国である。ヨーロッパのA国はドイ
ツやイタリアの西側に位置するフランス，南アメリカ最大の人口をかかえるD国は
ブラジルである。先進国であるフランス（A）の人口ピラミッドは，**老年人口の割
合が高く年少人口の割合が低い**①である。1970 年代末より**一人っ子政策を推進し**
てきた中国（C）の人口ピラミッドは，**40〜44 歳に対して 35〜39 歳の人口が目立
って少ない**③である。数の多い 1970 年代生まれの世代が親となることでその子ど
も世代も一時的に増加したが，年少人口の割合は低下する傾向にある。インドとブ
ラジルに関しては，農村地域を中心に人口増加率が依然高いインド（B）を**富士山
型の**②，経済成長とともに人口転換が先行したブラジル（D）を**つり鐘型へ変化し**
つつある④と判断する。

46　正解は①

　　国家による人口構成の違いを読み取る力と移民の特質を推察する力を測る。

図 1 の人口ピラミッドのうち，特徴のあるグラフに注目すると，②は 0 〜 4 歳人口
をはじめ年少人口の割合が極端に低く，①も同様の傾向がみられる。外国で生まれ
た幼い子どもが活発に国際移動する状況は想定しづらく，国全体の年少人口割合に
対して，外国生まれの年少人口割合は低くなると考えられる。すなわち，**Dが外国
生まれ，Eが国全体**となる。外国生まれの人口については，就労を目的とする移住
者が多いと考えられるので，Dで 30〜40 歳代の割合が高いことに注目してもよい。
サとシに関しては，ヨーロッパの先進国では人口の高齢化が進んでいると考えられ，
④を含む**シはドイツ**が該当する。よって，**シンガポールは残るサ**が該当する。シン
ガポールの外国生まれは，**サとD**を組み合わせた①となる。

第4章　現代世界の諸地域　　要　点

東アジア

>>> **地図で確認！**

Q1　山脈（㋐～㋓），高原・盆地（㋔～㋖），河川（㋗・㋘）の名称は？

Q2　等降水量線Aが示す年降水量の値，および経済特区（B・C），直轄市（D～G），
　　　鉄鋼都市（H～J）の名称は？

Q3　自治区（①～③）の民族別人口構成比のグラフ中，X～Zに該当する民族名は？

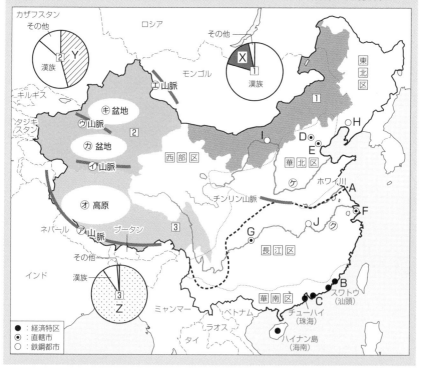

>>> ここがポイント！―中国

●総人口が約14.4億人の世界最大の人口大国（2020年）

●総人口の約92％が漢族

●モンゴル族・チベット族は仏教，ウイグル族・ホイ族はイスラム教を信仰

　➡モンゴル族は内モンゴル自治区，チベット族はチベット自治区，ウイグル族はシンチヤンウイグル自治区，ホイ族はニンシャホイ族自治区の主力民族

●農牧業は，砂漠や高地の広がる西部の牧畜地域と，平野の広がる東部の農耕地域に大別される

●東部の農耕地域は北の畑作地域と南の稲作地域に二分

　➡チンリン山脈とホワイ川を結ぶ線（年降水量1,000mmの等降水量線にほぼ相当）が境界

●東北区ではトウモロコシ・大豆，華北区では小麦・トウモロコシが主産物

　➡近年，東北区では稲作も活発化（耐寒品種の導入）

●南部では稲作のほか，長江区で茶，華南区で熱帯作物の栽培も盛ん

●改革開放政策（1978年〜）で市場経済へ移行

●経済特区を5か所に設置（アモイ（厦門），スワトウ（汕頭），シェンチェン（深圳），チューハイ（珠海），ハイナン（海南）島）

●今日「世界の工場」の地位を構築

　➡輸出額と貿易総額は世界最大（2020年）

　➡世界総生産量のうち，粗鋼は52.9％（2021年），化学繊維は68.9％（2016年），自動車は37.5％（2021年），携帯電話（スマートフォンを含む）は78.6％，パソコン（ノート型を含む）は98.2％（いずれも2015年）を中国が占める

●経済発展を遂げた沿海部と，取り残された内陸部との国内地域間格差が深刻化

　➡経済発展の遅れた内陸部で西部大開発を実施

●近年，アメリカ合衆国などとの間で貿易摩擦が激化

解答　**Q1**　㋐ヒマラヤ山脈　㋑クンルン山脈　㋒テンシャン山脈　㋓アルタイ山脈　㋔チベット高原　㋕タリム盆地　㋖ジュンガル盆地　㋗長江　㋘黄河

Q2　A：約1,000mm　B：アモイ（厦門）　C：シェンチェン（深圳）　D：ペキン（北京）　E：テンチン（天津）　F：シャンハイ（上海）　G：チョンチン（重慶）　H：アンシャン（鞍山）　I：パオトウ（包頭）　J：ウーハン（武漢）

Q3　X：モンゴル族　Y：ウイグル族　Z：チベット族

■■ 東南・南アジア

>>> 地図で確認！（東南アジア）

Q1　A・Bは稲作地，畑作地のいずれ？

Q2　◆・●はサトウキビの主要栽培地，茶の主要栽培地のいずれ？

Q3　P・Qはシンガポール，マレーシアのいずれの民族別人口構成比を示したもの？

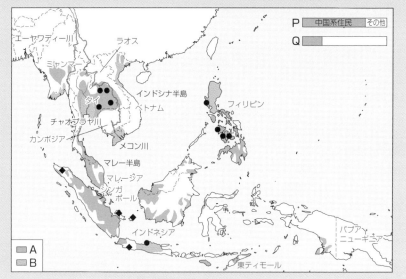

>>> ここがポイント！─東南アジア諸国

- フィリピン（環太平洋造山帯）とインドネシア（アルプス=ヒマラヤ造山帯）は変動帯
  ➡ 海溝に並走する弧状列島を形成
- 赤道付近は熱帯雨林林気候（Af），その周辺はサバナ気候（Aw）が卓越
  ➡ サバナ気候地域は北半球側が7〜8月中心に多雨，南半球側が12〜1月中心に多雨
- イギリス（ミャンマー・マレーシアなど），フランス（ベトナム・ラオス・カンボジア），オランダ（インドネシア），ポルトガル（東ティモール），スペイン・アメリカ合衆国（フィリピン）の植民地に分割
  ➡ タイは緩衝国で東南アジア唯一の非植民地
- 仏教（インドシナ半島），イスラム教（マレー半島からインドネシア），カトリック（フィリピン）の優勢な地域に分かれる
- マレーシア（電気機械工業が盛ん）とタイ（自動車工業が盛ん）は新興工業国
- ベトナムはドイモイ（刷新）で市場経済へ移行

解答 Q1　A：畑作地　B：稲作地　　**Q2** ◆：茶　●：サトウキビ

Q3 P：シンガポール　Q：マレーシア

>>> **地図で確認！（南アジア）**

Q1 等降水量線Aが示す年降水量の値は？

Q2 B・Cは稲作地，畑作地のいずれ？

Q3 ◇・☆は綿花の主要栽培地，茶の主要栽培地のいずれ？

Q4 南アジア4か国の宗教別人口構成比のグラフ中，X～Zが示す宗教は？

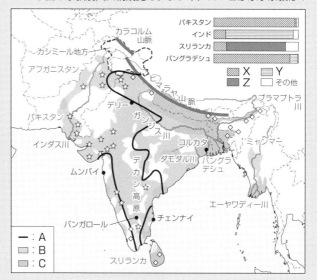

>>> **ここがポイント！―南アジア諸国**

● 北部はアルプス=ヒマラヤ造山帯に属する変動帯

　➡ プレート間山脈を形成し，火山活動は不活発

● 湿潤アジア（稲作・米食地域）と乾燥アジア（畑作・粉食地域）の接触地帯

　➡ 季節風の影響で7～8月中心に雨季，12～1月中心に乾季

● インドでは原料指向型工業（デカン高原の綿花やガンジス川デルタのジュートを用いる繊維工業，ダモダル川流域の石炭・鉄鉱石を用いる鉄鋼業など）に加え，消費財工業やハイテク産業も発展（1991年の経済自由化政策でバンガロール一帯にソフトウェア産業が集積し，「インドのシリコンバレー」と呼ばれる）

● ヒンドゥー教（インド，ネパール），イスラム教（パキスタン，バングラデシュ，モルディブ），仏教（スリランカ，ブータン）の優勢な地域に分かれる

　➡ カシミール紛争（印パ戦争を誘発）やタミル人問題（スリランカ内戦を誘発）が発生

解答 **Q1** 約1,000mm　**Q2** B：畑作地　C：稲作地　**Q3** ◇：茶　☆：綿花
Q4 X：イスラム教　Y：ヒンドゥー教　Z：仏教

西アジア・アフリカ

>>> **地図で確認！**

Q1　４つの山脈のうち，新期造山帯地域に位置しないものの名称は？

Q2　４つの河川のうち，外来河川でないものの名称は？

Q3　◇・◆・▽はコーヒー豆，茶，カカオ豆の主産地，★・☆・▼・□は石炭，ダイヤモンド，銅，ウランの主産地のいずれ？

Q4　都市ア・イの気候の特色を示した雨温図はX・Yのいずれ？

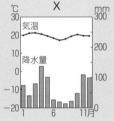

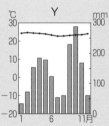

>>> ここがポイント！―西アジア・アフリカ諸国

A　西アジア諸国

- トルコからイランは変動帯（アルプス=ヒマラヤ造山帯）だが，アラビア半島の大部分は安定陸塊
- トルコからイランには地中海性気候（Cs）も出現
- 産油国（サウジアラビア・イランなど）と非産油国（トルコ・イスラエルなど）が混在
- アラビア半島にはアラブ民族（アラビア語），他地域には非アラブ民族が分布
  - ➡トルコ（トルコ語），イラン（ペルシア語），イスラエル（ヘブライ語）など
- アラビア半島ではイスラム教スンナ派が優勢だが，他宗教・宗派が優勢な地域も存在
  - ➡イランではイスラム教シーア派，イスラエルではユダヤ教が優勢
  - ➡メッカ・メディナはイスラム教，エルサレムはユダヤ教・キリスト教・イスラム教の聖地

B　アフリカ諸国

- 大部分がアフリカ楯状地で占められる高原状の大陸（平均高度は750m）
  - ➡北部に新期造山帯地域（アトラス山脈），南部に古期造山帯地域（ドラケンスバーグ山脈）が存在
- 紅海からアフリカ大地溝帯（グレートリフトヴァレー）はプレートの広がる境界
  - ➡地溝帯に形成された細長い湾（紅海）や湖沼（タンガニーカ湖など）が分布し，火山が点在
- モノカルチャー経済国が多い
  - ➡リビアは石油，ザンビアは銅，ボツワナはダイヤモンド，コートジボワールはカカオ豆，エチオピアはコーヒー豆，ケニアは茶が主要輸出品
- 文化はサハラ砂漠で二分
  - ➡北アフリカはアラブ民族，中南アフリカはネグロイド諸民族が優勢
- かつての植民地支配の影響，砂漠化（サヘルで深刻），感染症の蔓延などで経済が脆弱
  - ➡第二次世界大戦前からの独立国は4か国（エジプト・エチオピア・リベリア・南アフリカ共和国）
  - ➡ケニアなど東アフリカ中心にイギリス領，アルジェリア・モロッコなど西アフリカ中心にフランス領が存在した
  - ➡イタリア領（リビアなど），ベルギー領（コンゴ民主共和国など），スペイン領（西サハラなど），ポルトガル領（アンゴラなど）も存在した

解答　**Q1**　ドラケンスバーグ山脈　**Q2**　コンゴ川　**Q3**　◇：カカオ豆
◆：コーヒー豆　▽：茶　★：銅　☆：ウラン　▼：石炭　□：ダイヤモンド
Q4　ア：Y　イ：X

ヨーロッパ

>>> 地図で確認！

Q1 線（A～C）は穀物の栽培北限，ブドウの栽培北限，大陸氷河の最大拡大範囲の南限のいずれ？

Q2 地域（D～F）はゲルマン民族，スラブ民族，ラテン民族のいずれの分布地域？

Q3 4か国（①～④）の宗教別人口構成比のグラフ中，X～Zはカトリック，プロテスタント，正教会のいずれ？

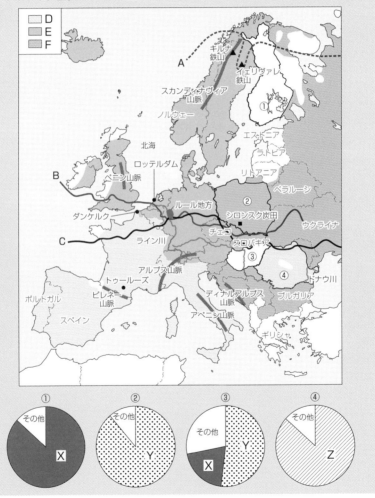

>>> ここがポイント！—ヨーロッパ諸国

●地形・気候は南北で変化
- ➡ 概観すると，地形は南から北へ新期造山帯（アルプス=ヒマラヤ造山帯），古期造山帯，安定陸塊と変化
- ➡ ピレネー，アルプス，アペニン，ディナルアルプスの各山脈は新期造山帯に位置
- ➡ ペニン，スカンディナヴィアの各山脈は古期造山帯に位置
- ➡ 概観すると，気候は南から北へ地中海性気候（Cs），西岸海洋性気候（Cfb），亜寒帯湿潤気候（Df）と変化

●ライン川水系とドナウ川水系は重要な内陸水路
- ➡ ライン川河口部のロッテルダム港（ユーロポート）は欧州最大の石油化学工業地帯
- ➡ ドナウ川本流は**オーストリア，ハンガリー，ルーマニア**などの国土を流下

●農牧業は地中海式農業，混合農業，園芸農業，酪農（北海沿岸や山岳地域）に四分

●欧州（旧ソ連地域を除く）で最大の石炭産出国はポーランド（**シロンスク炭田**），石油産出国はノルウェー（**北海油田**），鉄鉱石産出国はスウェーデン（**キルナ鉄山やイェリヴァレ鉄山**）

●工業地域は西欧諸国の内陸部（**ルール地方**などの原料指向型）から臨海部（**ダンケルク**などの港湾指向型），そして EU の拡大にともなって南欧・東欧諸国（**スペイン，ハンガリー**などの労働力指向型）へと展開

●ゲルマン民族の間では**プロテスタント**が優勢
- ➡ 例外的にドイツ南部からオーストリア一帯では**カトリック**が優勢

●ラテン民族の間では**カトリック**が優勢
- ➡ 例外的にルーマニアでは**正教会**が優勢

●スラブ民族は東（ロシア，ウクライナなど・正教会が優勢），西（ポーランド，チェコなど・カトリックが優勢），南（旧ユーゴスラビア，ブルガリアなど・東部は正教会，西部はカトリックが優勢）に三分

●ハンガリーやフィンランドの主力民族はアジア（ウラル）系

●イギリス，フランス，ドイツでは移民の流入が活発
- ➡ イギリスには南アジア諸国（インドなど），フランスにはマグレブ諸国（アルジェリア，モロッコなど），ドイツには東欧諸国（ポーランドなど）や地中海北東部諸国（トルコなど）の出身者が多い

●EU 加盟国のなかには**ユーロ非導入国**が存在（**スウェーデン，ポーランド**など）

解答　**Q1**　A：穀物の栽培北限　B：大陸氷河の最大拡大範囲の南限
C：ブドウの栽培北限　　**Q2**　D：ラテン民族　E：ゲルマン民族　F：スラブ民族
Q3　X：プロテスタント　Y：カトリック　Z：正教会（参考：①フィンランド，②ポーランド，③ハンガリー，④ルーマニア）

■ ロシアとその周辺諸国

>>> 地図で確認！

Q1 地域（A〜C）は，灌漑農業地帯，タイガ地帯，チェルノーゼム地帯のいずれ？

Q2 地域（B・C）のそれぞれで栽培が盛んな作物は小麦，ブドウ，綿花のいずれ？

Q3 資源産地（■・★・▲）のそれぞれで産出される鉱産資源の上位産出国（2017，18，19年のいずれか）を示したものはP〜Rのいずれ？

Q4 3都市（サンクトペテルブルク，イルクーツク，ウラジオストク）のそれぞれで観察される気候の特色を示したものはX〜Zのいずれ？

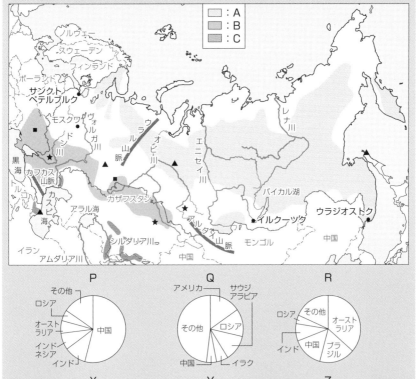

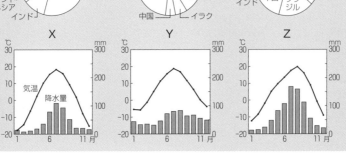

>>> ここがポイント！―ロシアとその周辺諸国

A　ロシアとその周辺諸国（中央アジアを除く）

●ウラル山脈で西のヨーロッパロシアと東のシベリア・極東ロシアに区分される

●主力民族のロシア人はスラブ系で，キリスト教（正教会）の信者が多い

●気候は南から北へ乾燥帯（BW・BS），亜寒帯（Df・Dw），寒帯（ET）と変化
　➡黒海からカスピ海沿岸には地中海性気候（Cs）も出現

●農業生産の中核はバイカル湖南岸と黒海北岸・フィンランド湾を結ぶ三角地帯
　➡南部はチェルノーゼム（黒土）地帯で企業的穀物栽培，北部は混合農業が盛ん

●シベリア開発は冬季の極寒と夏季の融雪洪水で阻害される
　➡東シベリアのオイミャコンやヴェルホヤンスクは北半球の寒極
　➡オビ川，エニセイ川，レナ川などの主要河川が北極海へ流入し，上流と下流で融雪期が
　　ずれることで融雪洪水が発生

●原料指向型の工業地域が点在
　➡重工業の中心は，ドニエプル（ドネツ炭田，クリヴォイログ鉄山などを背景），ウラル
　　（ヴォルガ=ウラル油田，マグニトゴルスク鉄山などを背景），クズネツク（クズネツク
　　炭田などを背景）の各工業地域

●ロシア経済は石油・天然ガスなどエネルギー分野に依存
　➡輸出（2020年）の21.5％が原油

B　中央アジア

●トルコ系民族が居住し，イスラム文化圏を形成

●砂漠化やアラル海の縮小などの環境破壊が顕著
　➡過耕作，過放牧，アラル海に流入するアムダリア川やシルダリア川を利用する不適切な
　　灌漑などに起因

●カラガンダ（カザフスタン）は中央アジア最大の重工業地域
　➡カラガンダ炭田を背景

解答　Q1　A：タイガ地帯　B：チェルノーゼム地帯　C：灌漑農業地帯

Q2　B：小麦　C：綿花　**Q3**　■：R（鉄鉱石）　★：P（石炭）　▲：Q（原油）

Q4　サンクトペテルブルク：Y　イルクーツク：X　ウラジオストク：Z

■ アングロアメリカ

>>> **地図で確認！**

Q1 農業地域（A〜C）のそれぞれで栽培が盛んな作物は春小麦，冬小麦，綿花のいずれ？

Q2 農業地域（D〜F）のそれぞれで飼育が盛んな家畜は肉牛，乳牛，豚のいずれ？

Q3 都市（①〜③）で観察される気候の特色を示したものはP〜Rのいずれ？

Q4 州（④〜⑥）の人種・民族構成の特色（2016年）を示したものはX〜Zのいずれ？

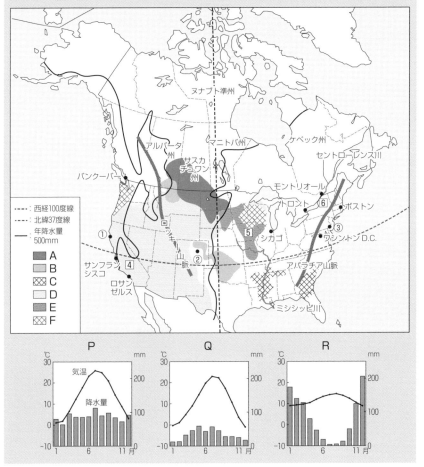

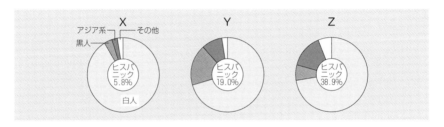

>>> ここがポイント！―アメリカ合衆国とカナダ

A　アメリカ合衆国

●概観すると，西高東低の地形
⇒西部は新期造山帯（ロッキー山脈など），東部は古期造山帯（アパラチア山脈）
●適地適作による大規模機械化農業経営を展開（労働生産性が高く，土地生産性が低い）
●西経100度線付近は年降水量が約500mm
⇒グレートプレーンズからプレーリー一帯は小麦地帯
●西経100度線以西の地域の多くは山岳・高原地帯
⇒年降水量500mm未満の放牧・灌漑農業地帯（肉牛の放牧が盛ん）が広がる
⇒カリフォルニア州のセントラルヴァレーは地中海式農業地帯
●西経100度線以東の地域の多くは農耕地帯
⇒氷食地の広がる五大湖沿岸は酪農地帯
⇒トウモロコシ地帯は混合農業地帯（トウモロコシと大豆を輪作し，豚や肉牛を飼育）
●北東部（五大湖周辺〜メガロポリス）はラストベルト
⇒産業の斜陽化や反都市化が顕著
●北緯37度線以南はサンベルト
⇒シリコンヴァレーなどで先端技術産業が発展し，人口増加が顕著
●近年ヒスパニックの増加が顕著
⇒総人口の18.9%を占め，13.6%の黒人より多い（2021年）
⇒サンベルトのほか，ハブ空港を擁し雇用力の大きい巨大都市（ニューヨークやシカゴなど）に集中

B　カナダ

●人口と経済は五大湖沿岸地域（トロント，モントリオールの二大都市が中心）に集中
●小麦栽培の中心は平原三州（アルバータ州，サスカチュワン州，マニトバ州）
●東部（ケベック州一帯）にはフランス系住民，北部（ヌナブト準州など）には先住民族（イヌイットなど）が居住

解答 Q1　A：春小麦　B：冬小麦　C：綿花　Q2　D：肉牛　E：豚　F：乳牛
Q3　①R　②Q　③P　Q4　④Z　⑤X　⑥Y

■ ラテンアメリカ

>>> 地図で確認！

Q1 A〜Cの各地域に多く居住する民族は先住民，スペイン系，ポルトガル系のいずれ？

Q2 4か国（メキシコ，ペルー，ブラジル，アルゼンチン）の人口と人種・民族の特色を示したものはP〜Sのいずれ？

Q3 ◆・□・◇・■はコーヒー豆，小麦，サトウキビ，大豆の主産地のいずれ？

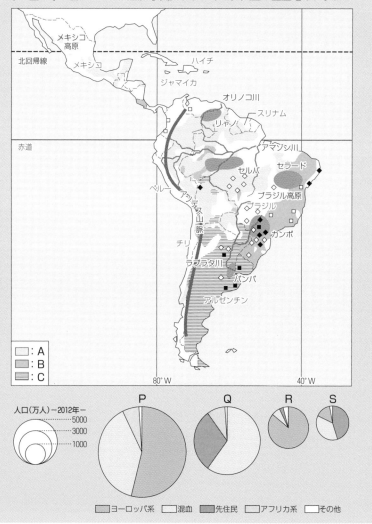

>>> ここがポイント！―ラテンアメリカ諸国

●太平洋岸は新期造山帯（アンデス山脈など），他は安定陸塊（ブラジル高原など）

●熱帯，乾燥帯，温帯の順に赤道から高緯度側へ向けて気候帯が配列しない

　⇒ペルーからチリ北部に海岸砂漠（**寒流のペルー海流**が影響），アルゼンチン南部に雨陰砂漠（偏西風が**アンデス山脈**で妨げられることが影響），アンデス地方に高山気候が分布

●トウモロコシ（メキシコ高原一帯），ジャガイモ（アンデス高地一帯），カカオ豆（熱帯アメリカ），天然ゴム（アマゾン地方），トウガラシ，タバコなどの原産地

●ブラジルやアルゼンチンで大豆栽培が活発化

　⇒飼料需要の増大を背景とし，大規模な森林破壊を誘発

●**チリ**（中部の地中海式農業地域）や**アルゼンチン**（アンデス山脈東麓の灌漑農業地域）でブドウ栽培も活発化（→ワインに加工）

●ペルーやチリでは水産業も盛ん（アンチョビーの捕獲（→魚粉）や**サケ類**の養殖（→対日輸出））

●大土地所有制を背景とした大農場が残存

　⇒アシェンダ（**メキシコ**など），ファゼンダ（**ブラジル**），エスタンシア（**アルゼンチン**）と呼ばれる

●メキシコ（**USMCA**の一員で対米生産・輸出拠点）とブラジル（資源・労働力・市場に恵まれる）の工業化が顕著

　⇒ USMCA は NAFTA にかわって発効したアメリカ合衆国・メキシコ・カナダ間の貿易協定

●**チリ**は世界最大の銅鉱，**ブラジル**は世界第 2 位の鉄鉱石かつラテンアメリカ最大の原油，**コロンビア**はラテンアメリカ最大の石炭の産出国

●スペイン語とカトリックが優勢

　⇒ブラジルはポルトガル語，ジャマイカは英語，ハイチはフランス語，スリナムはオランダ語が公用語

●ヨーロッパ系は温帯地域，アフリカ系は熱帯地域，先住民はアンデス高地に多く分布

　⇒ヨーロッパ系と先住民の混血はメスチーソ，ヨーロッパ系とアフリカ系の混血はムラートと呼ばれる

　⇒カリブ海の島嶼国は特にアフリカ系人口比率が高い（ハイチ 95％，ジャマイカ 92％など）

解答　**Q1**　A：先住民　B：ポルトガル系　C：スペイン系　　**Q2**　メキシコ：Q　ペルー：S　ブラジル：P　アルゼンチン：R　　**Q3**　◆：サトウキビ　□：コーヒー豆　◇：大豆　■：小麦

■ オセアニア

>>> **地図で確認！**

Q1 等降水量線Aが示す年降水量の値は？

Q2 農業地域（B〜D）のそれぞれで飼育が盛んな家畜は肉牛，乳牛，羊のいずれ？

Q3 農業地域（E・F）のそれぞれで栽培が盛んな作物は小麦，サトウキビ，大豆のいずれ？

Q4 □・△・○は原油・天然ガス，石炭，鉄鉱石の主産地のいずれ？

Q5 4都市（ダーウィン，アリススプリングス，パース，シドニー）のそれぞれで観察される降水量の特色を示したものはW〜Zのいずれ？

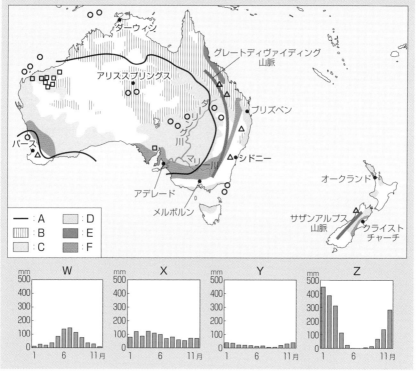

>>> ここがポイント！―オーストラリア，ニュージーランド，太平洋の島嶼

A　オーストラリア

- 新期造山帯が存在しない唯一の大陸（グレートディヴァイディング山脈は古期造山帯）
- 大陸面積の約60％を砂漠気候（BW）とステップ気候（BS）が占める「乾燥の大陸」
  - ➡北部は熱帯（Aw中心），南部は温帯（パースやアデレード一帯はCs，シドニーやブリズベン一帯はCfa，メルボルン一帯はCfb）
- 北東部ではサトウキビ栽培，南東部（マリーダーリング盆地）では小麦栽培，南西部と南部では地中海式農業が盛ん
- 北部では肉牛，南部では羊，南東部では乳牛の飼育が盛ん
- イギリスのEC加盟（1973年）を契機に「脱欧入亜」
  - ➡白豪主義は撤廃され，多文化主義へ移行
  - ➡農畜産物（羊毛など）から鉱産資源（鉄鉱石・石炭など）への主要輸出品の転換を誘発
- 世界最大のボーキサイト産出国（2018年）
  - ➡北東部のゴヴやウェイパなどが主要産地

B　ニュージーランド

- 環太平洋造山帯に属する変動帯（地震や火山活動が頻発）
- 南西部にフィヨルドが発達
- 全域が西岸海洋性気候（Cfb）だが，西海岸側がより多雨（偏西風による地形性降雨）
- ポリネシアに区分（先住民のマオリはポリネシア系民族）

C　太平洋の島嶼

- ミクロネシア（サイパンなど），メラネシア（フィジーなど），ポリネシア（ハワイなど）に三区分
  - ➡赤道と経度180度線を基準に北西部がミクロネシア，南西部がメラネシア，東部がポリネシア
- 非独立地域は北半球側（グアムなど）をアメリカ合衆国，南半球側（ニューカレドニア（→世界的なニッケル鉱の産地）やムルロア環礁（→核実験場）など）をフランスが統治

解答　**Q1**　約500mm　　**Q2**　B：肉牛　　C：羊　　D：乳牛　　**Q3**　E：サトウキビ
F：小麦　　**Q4**　□：鉄鉱石　　△：石炭　　○：原油・天然ガス　　**Q5**　ダーウィン：Z
アリススプリングス：Y　　パース：W　　シドニー：X

第4章 現代世界の諸地域

問 題

47 西アジアの自然環境や社会経済に関する次の問いに答えよ。

（1）次の図1は，西アジアの地形を示したものであり，下の図2は，図1中のD～
Gのいずれかの地点における1月と7月の月平均気温および月降水量を示したもので
ある。Fに該当するものを，図2中の①～④のうちから一つ選べ。

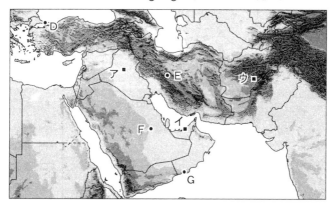

色の濃い部分ほど標高の高い地域を示し，陰影を付けている。

図　1

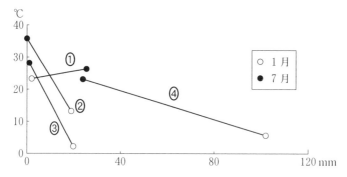

気象庁の資料などにより作成。

図　2

（2）次の写真１中のJ〜Lは，図１中のア〜ウのいずれかの地点における水資源の確保に関する景観を撮影したものである。J〜Lとア〜ウとの正しい組合せを，下の①〜⑥のうちから一つ選べ。

J　外来河川

K　淡水化施設

L　地下水路

Google Earth により作成。

写真　１

	①	②	③	④	⑤	⑥
J	ア	ア	イ	イ	ウ	ウ
K	イ	ウ	ア	ウ	ア	イ
L	ウ	イ	ウ	ア	イ	ア

第4章

（3）次の図3は，1人当たりGNI（国民総所得）と1日当たり原油生産量によって
西アジアの国々をa～dの4つのグループに分けたものであり，下の図4は，各グル
ープの分布を示したものである。図4中の凡例カ～クは，図3中のa～cのいずれか
である。a～cとカ～クとの正しい組合せを，次の①～⑥のうちから一つ選べ。

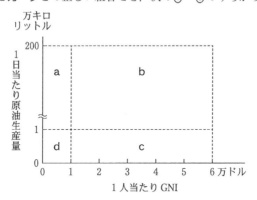

統計年次は2016年。『世界国勢図会』などにより作成。

図　3

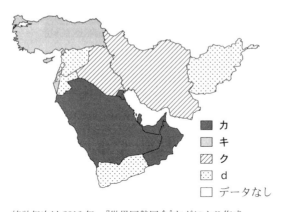

統計年次は2016年。『世界国勢図会』などにより作成。

図　4

	①	②	③	④	⑤	⑥
a	カ	カ	キ	キ	ク	ク
b	キ	ク	カ	ク	カ	キ
c	ク	キ	ク	カ	キ	カ

〔2021年度本試②　地理B〕

48 アフリカの自然と人々の生活に関する次の問いに答えよ。

（1）次の図1中のア～ウは，標高500～800m，1100～1400m，1600m以上のいずれかの標高の範囲を濃く示したものである。ア～ウと標高の範囲との正しい組合せを，次の①～⑥のうちから一つ選べ。

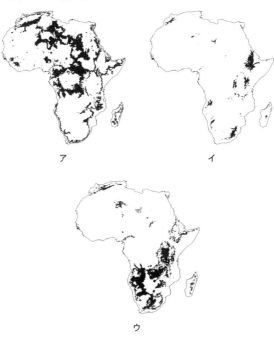

ア

イ

ウ

United States Geological Survey の資料により作成。

図　1

	①	②	③	④	⑤	⑥
500～800 m	ア	ア	イ	イ	ウ	ウ
1100～1400 m	イ	ウ	ア	ウ	ア	イ
1600 m 以上	ウ	イ	ウ	ア	イ	ア

（2）アフリカの都市は，地域の自然環境の特徴を背景とした歴史的な成り立ちの違いによって類型化できる。次の図2中の**P〜R**は，アフリカのいくつかの都市について，その成り立ちの特徴ごとに分類して示したものであり，下の**サ〜ス**の文は，そのいずれかを説明したものである。**P〜R**と**サ〜ス**との正しい組合せを，下の①〜⑥のうちから一つ選べ。

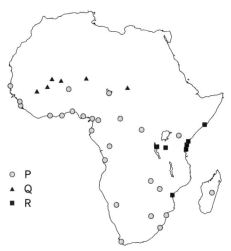

嶋田義仁ほか編『アフリカの都市的世界』により作成。

図　2

サ　象牙などを商品とした交易の拠点として成長し，これらの都市を介してスワヒリ語が広がり地域の共通語となった。

シ　二つの異なる気候帯の境界付近に位置し，それらの一方からは岩塩など，他方からは金や森林産物などを商品とした交易の拠点となった。

ス　ヨーロッパ諸国による植民地経営の行政機能をになうものとして発達した都市であり，ヨーロッパ風の建築や街路パターンなどが残っている。

	①	②	③	④	⑤	⑥
P	サ	サ	シ	シ	ス	ス
Q	シ	ス	サ	ス	サ	シ
R	ス	シ	ス	サ	シ	サ

49 次の図1は，アフリカを5地域に区分して50年間の人口増加指数を示したものである。また，次の図2はこれらのうち3地域について出生率および死亡率の推移を示したものであり，ア～ウは，北部アフリカ，中部アフリカ，南部アフリカのいずれかである。地域名とア～ウとの正しい組合せを，次の①～⑥のうちから一つ選べ。

北部アフリカ(310)
西部アフリカ(355)
中部アフリカ(396)
東部アフリカ(396)
南部アフリカ(293)

括弧内の数値は，1960年の人口を100とした場合の2010年の
人口を示す。
World Population Prospects により作成。

図　1

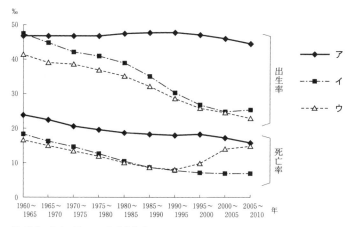

World Population Prospects により作成。

図　2

第4章

	①	②	③	④	⑤	⑥
北部アフリカ	ア	ア	イ	イ	ウ	ウ
中部アフリカ	イ	ウ	ア	ウ	ア	イ
南部アフリカ	ウ	イ	ウ	ア	イ	ア

〔2015年度本試　地理B〕

　　50　次の図を見て，ヨーロッパに関する下の問いに答えよ。
　　（編集部注）　図には一部設問と関係のない記号も含まれている。

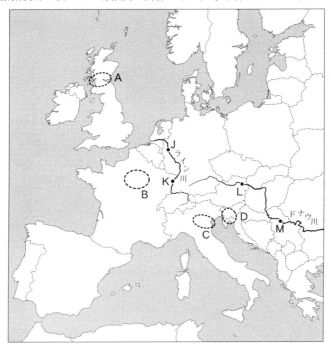

　次の①〜④の文は，図中のA〜Dのいずれかの地域における自然環境と土地利用について述べたものである。Dに該当するものを，次の①〜④のうちから一つ選べ。

① 　河川の堆積作用によって形成された平野で，稲作を含む穀物生産や酪農を中心に豊かな農業地域となっている。

② 　侵食作用によって緩斜面と急斜面が交互に現れる地形を示し，緩斜面上では小麦の大規模栽培が行われている。

③ 　石灰岩の分布する地域で，ポリエと呼ばれる溶食盆地が貴重な農耕地となって小麦やジャガイモの栽培が行われている。

④ 　断層運動によって生じた低地帯では酪農や混合農業が発達し，高地では粗放的な牧羊などの土地利用がなされている。

〔2016年度本試　地理B〕

51 ヨシエさんは，3か国を旅行中に工場や店舗を見て，産業の違いに気づき，3か国の貿易について調べた。次の図1は3か国の総輸出額に占める品目別の割合，下の表1は3か国の輸出額上位3位までの国と，それらの国への輸出額が総輸出額に占める割合を示したものである。国名と図1中の**サ～ス**との正しい組合せを，下の①～⑥のうちから一つ選べ。

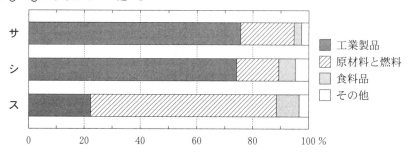

統計年次は2014年。
『国際連合貿易統計年鑑』により作成。

図　1

表　1　　　　　　　　　　　　（単位：％）

順　位	サ		シ		ス	
1位	シ	(11.1)	ス	(10.4)	イギリス	(24.6)
2位	ドイツ	(9.9)	ドイツ	(9.6)	ドイツ	(15.3)
3位	ロシア	(9.2)	イギリス	(7.0)	オランダ	(11.9)

統計年次は2014年。
『国際連合貿易統計年鑑』により作成。

	①	②	③	④	⑤	⑥
ノルウェー	サ	サ	シ	シ	ス	ス
スウェーデン	シ	ス	サ	ス	サ	シ
フィンランド	ス	シ	ス	サ	シ	サ

〔2018年度本試　地理B〕

52 スペインとドイツに関する次の問いに答えよ。

　次の図1は，スペインとドイツの国土を四分割※したものであり，下の図2中の**カ**と**キ**は，図1のように分割した範囲に含まれるスペインとドイツのいずれかの人口規模上位20位までの都市について，都市数を示したものである。また，次の表1は，スペインとドイツの人口規模上位5都市における日系現地法人数※※を示したものであり，**D**と**E**はスペインまたはドイツのいずれかである。図2中の**カ**と**キ**および表1中の**D**と**E**のうち，ドイツに該当する正しい組合せを，次の①〜④のうちから一つ選べ。

※島嶼部を除いた大陸部分の国土を対象に正方位で四分割した。
※※日本企業の出資比率が10％以上（現地法人を通じた間接出資を含む）の現地法人数。

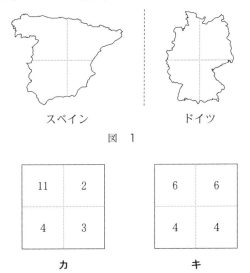

スペイン　　　　　　　ドイツ

図　1

11	2
4	3

カ

6	6
4	4

キ

統計年次は，スペインが2012年，ドイツが2013年。
Demographic Yearbook 2013 などにより作成。

図　2

表　1　　　　　　　　　　（単位：社）

	人口規模順位				
	1　位	2　位	3　位	4　位	5　位
D	58	64	2	0	1
E	8	33	32	12	36

統計年次は2011年。
『海外進出企業総覧　2012（国別編）』により作成。

	①	②	③	④
都市数	カ	カ	キ	キ
日系現地法人数	D	E	D	E

〔2017 年度本試　地理B〕

53 北アメリカに関する次の問いに答えよ。

（1）北アメリカにおける地名の分布は，ヨーロッパ人の移住の歴史を反映している。次の図1は，スペイン語，フランス語，ロシア語に因んだ主な地名の分布を示したものであり，ア～ウはそのいずれかである。ア～ウと言語名との正しい組合せを，下の①～⑥のうちから一つ選べ。

★　ア
▲　イ
●　ウ

井上謙治・藤井基精編『アメリカ地名辞典』などにより作成。

図　1

	①	②	③	④	⑤	⑥
スペイン語	ア	ア	イ	イ	ウ	ウ
フランス語	イ	ウ	ア	ウ	ア	イ
ロシア語	ウ	イ	ウ	ア	イ	ア

（2）次の図2は，アメリカ合衆国で暮らす4つの人種・民族集団に関する家族所得の階層別割合を示したものである。また，表1は社会経済的地位に関する現状を示したもので，図2・表1ともにA～Dはアジア系，アフリカ系，ヨーロッパ系，ヒスパニックのいずれかである。これらの資料について考察した3人の高校生と先生との会話文を読み，空欄（　ア　）・（　イ　）に該当する人種・民族集団の組合せとして適当なものを，次の①～⑧のうちから一つ選べ。

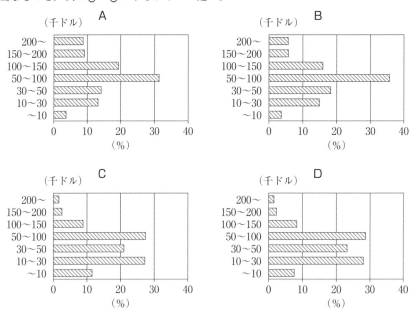

統計年次は2009年。

『現代アメリカデータ総覧2012』により作成。

図　2

表　1　　　　　　　　（単位：％）

	A	B	C	D
大学院修士号以上の取得者[*]	20.2	10.8	6.1	3.9
農林水産業の従事者[**]	0.2	0.7	0.3	2.4
サービス業の従事者[**]	16.7	16.1	25.3	26.3
建設業・鉱業の従事者[**]	1.3	5.6	2.9	10.5

[*] 各人種・民族における25歳以上人口に占める割合。

[**] 各人種・民族における16歳以上の民間被雇用人口に占める割合。

統計年次は2009年。

『現代アメリカデータ総覧2012』により作成。

ユウコ　「Aは，大学院修士号以上の取得者割合が20％を超えているわ」

マサル　「Aは，教育熱が高いと言われる（　ア　）じゃないかな」

先　生　「最近はICT産業などで（　ア　）の技術者が増えているそうだけど，他の集団と比べて人口が少ないことも高学歴者の割合が高いことと関係しているかもしれないね」

ナ　オ　「AやBとは対照的に，CとDの所得水準は低いんじゃない？」

マサル　「Dは，農林水産業の従事者割合が他より高いから（　イ　）じゃないかな」

ユウコ　「確かに，カリフォルニア州で（　イ　）の人たちが野菜を収穫している写真を教科書で見たことあるなぁ」

先　生　「最近，急増している（　イ　）は都市にも多く住んでいて，サービス業や建設業などの低賃金労働に従事しながらアメリカ合衆国の経済を支えていると言われているんだ」

① アーアジア系　　　　イーアフリカ系
② アーアジア系　　　　イーヒスパニック
③ アーアフリカ系　　　イーヨーロッパ系
④ アーアフリカ系　　　イーアジア系
⑤ アーヨーロッパ系　　イーヒスパニック
⑥ アーヨーロッパ系　　イーアフリカ系
⑦ アーヒスパニック　　イーアジア系
⑧ アーヒスパニック　　イーヨーロッパ系

（3）金融・保険業の立地状況は，その地域の都市化や産業の状況を知る手がかりとなる。次の図3は，アメリカ合衆国（アラスカ州とハワイ州を除く）の各州における金融・保険業の総生産額を示したものである。図3から読み取れることがらとその背景に関する文として，下線部が**適当でないもの**を，次の①〜④のうちから一つ選べ。

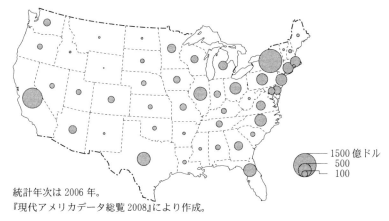

1500億ドル
500
100

統計年次は2006年。
『現代アメリカデータ総覧2008』により作成。

図　3

① 北東部にみられる 1,500 億ドルを超える州とその周辺の州には，交通・通信網で相互に結びついた大都市が立地している。

② 五大湖南岸の中西部にみられる 500 億ドルを超える州とその周辺の州には，工業都市や農産物取引市場の置かれた都市が立地している。

③ 南部に多くみられる 100 億ドル未満の州は，農業の総生産額が国内諸州の中で最低位のグループに属する。

④ 西部に多くみられる 50 億ドル未満の州は，人口密度が国内諸州の中で最低位のグループに属する。

〔2012 年度本試 地理B・改〕

54 ニュージーランドとカナダは，太平洋を挟んで1万 km 以上も離れているが，その歴史，社会，生活文化などには共通点も多い。次の表1は，1985 年と2015 年におけるニュージーランドとカナダへの移民数が多い上位5位までの送出国を示したものである。また，下の文章は，表1の読み取りとそれに関連することがらについて述べたものであり，文章中の空欄P～Rには次ページのサ～スの文のいずれかが当てはまる。空欄P～Rとサ～スとの正しい組合せを，次ページの①～⑥のうちから一つ選べ。

表　1

	ニュージーランド		カナダ	
順位	1985 年	2015 年	1985 年	2015 年
1位	オーストラリア	オーストラリア	ベトナム	フィリピン
2位	イギリス	イギリス	ホンコン	インド
3位	アメリカ合衆国	インド	アメリカ合衆国	中　国
4位	サモア	中　国	イギリス	イラン
5位	カナダ	フィリピン	インド	パキスタン

中国には，台湾，ホンコン，マカオを含まない。
ニュージーランド統計局の資料などにより作成。

　移民の受入国となるニュージーランドとカナダでは，言語が共通する国からの移民が多い。1985 年をみると，ニュージーランドでオーストラリアやサモアから，カナダでアメリカ合衆国から移民が多いのは，　　P　　ことが影響している。2015 年には，ニュージーランドとカナダとで共通する国からの移民が急激に増加しており，これは　　Q　　ためである。その一方で，　　R　　ために，2015 年の移民数の送出国別順位にニュージーランドとカナダで違いがみられる。

サ　受入国での難民に対する政策が異なる

シ　経済発展した送出国との結びつきが強まった

ス　送出国と受入国とが地理的に近接している

	①	②	③	④	⑤	⑥
P	サ	サ	シ	シ	ス	ス
Q	シ	ス	サ	ス	サ	シ
R	ス	シ	ス	サ	シ	サ

〔第2回プレテスト　地理B〕

55 次の図1をみて，北極海とその周辺に関する下の問いに答えよ。

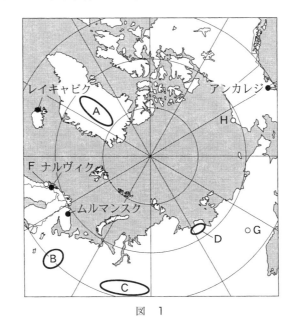

図　1

（1）図1中のA〜Dの地域でみられる自然環境の特徴について述べた文として**適当でないもの**を，次の①〜④のうちから一つ選べ。

① Aは，氷床に覆おわれている。

② Bには，永久凍土が広く分布する。

③ Cには，針葉樹林（タイガ）が広く分布する。

④ Dは，ツンドラ土に覆われている。

（2）次の図2中のア～ウは，図1中のF～Hのいずれかの地点の月平均気温と降水量を示したものである。ア～ウとF～Hとの正しい組合せを，下の①～⑥のうちから一つ選べ。

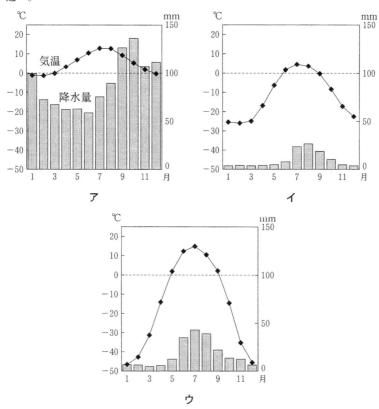

『理科年表』などにより作成。

図　2

	①	②	③	④	⑤	⑥
ア	F	F	G	G	H	H
イ	G	H	F	H	F	G
ウ	H	G	H	F	G	F

（3）北極海の近年の利用について述べた文として最も適当なものを，次の①～④のうちから一つ選べ。

① 鉱産資源が豊富にあり，周辺諸国の沿岸ではウラン鉱が大規模に採掘されている。

② 自然環境や生態系を保護するために，民間企業による極地観光ツアーは禁止されている。

③ スカンディナヴィア半島から太平洋に至る北極海航路が整備され，年間を通じて船舶が航行している。

④ 排他的経済水域を越える範囲での開発について，周辺諸国による様々な主張がみられる。

〔2015 年度追試 地理Ｂ〕

56 高校生のユウさんは，ヨーロッパについての課題研究に取り組んだ。

EU 各国において国際的な人口移動が活発であることを知ったユウさんは，移民の流れを示した次の図を作成し，このような移動がみられる理由について考えた。次のＸ～Ｚは，ユウさんが考えた仮説を示したものであり，サ～スは仮説を確かめるために集めたデータを示したものである。Ｘ～Ｚとサ～スの組合せとして最も適当なものを，次の①～⑨のうちから一つ選べ。

第4章

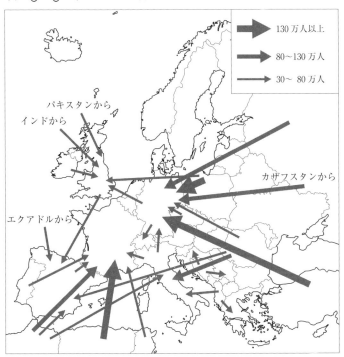

統計年次は 2015 年。
Trends in International Migrant Stock により作成。

【仮説】

X　旧宗主国と旧植民地の国々との間では言語の障壁が比較的低く，雇用機会が不足
　　し治安が悪い旧植民地から旧宗主国への人口移動がみられた。

Y　国境での審査なしで自由に出入国ができるようになり，先進国どうしの人々の相
　　互移動が活発化し，大量の人口移動につながった。

Z　産業が発達している先進国とその他の国々との間の賃金格差が大きくなり，賃金
　　水準の低い国々から先進国に向けて移民が流出した。

【データ】

サ　EU加盟国および周辺国における食料自給率についてのデータ

シ　EU加盟国および周辺国における大学進学率についてのデータ

ス　EU加盟国における1人当たり工業付加価値額についてのデータ

① X－サ　　　　　② X－シ　　　　　③ X－ス
④ Y－サ　　　　　⑤ Y－シ　　　　　⑥ Y－ス
⑦ Z－サ　　　　　⑧ Z－シ　　　　　⑨ Z－ス

〔第1回プレテスト　地理B〕

第4章　現代世界の諸地域

47 （1）　正解は②

▨地図資料から気候因子に関係する情報を正確に読み取る力を測る。

図2中，1月と7月の気温差が小さく，7月に降水が偏っている点で異質な①は，最も低緯度で，海洋にも面しているGと判断できる。Gの7月のわずかな降水は，インド洋に吹く南西モンスーンとの関係が想起できる。②～④のうち，比較的湿潤な④は，臨海部に位置するDと考えられる。D付近は，冬季の降水が多い地中海性気候区に属することとも符合する。降水量が少なく，1月と7月の気温差が大きい②と③は内陸に位置するEまたはFとなるが，Eの方が緯度が高く，標高も高いことが読み取れるので，より低温の③をE，より高温の②をFと判断する。

（2）　正解は①

▨標高分布図から地形を読み取り，景観と結びつける力を測る。

写真1中，Jの外来河川は，湿潤地域に源流をもち，乾燥地域を通過して海まで流れる河川を指すことから，図1中，チグリス川・ユーフラテス川付近を示すアが該当する。Kの淡水化施設は，乾燥地域で海水から淡水を得る大規模な施設であるが，資本と技術が必要なため，大きな経済力を有する国に設置されていると考えられる。また，多くは臨海部に設置されるとも考えられよう。よって，アラブ首長国連邦のアブダビ付近を示すイが該当する。Lの地下水路は，乾燥地域で地下水を山麓などの水源から集落まで蒸発を防ぎながら導く施設で，アフガニスタンなどではカレーズ，イランではカナートと呼ばれる。アフガニスタンの山岳地方を示すウが該当する。

（3）　正解は⑤

▨各国を経済的特徴に基づいて分類する力を測る。

図3中，1日当たり原油生産量が多いaとbは，ペルシア湾岸に位置する凡例カまたはクのいずれかである。そのうち，OPECの中核国であるサウジアラビアや近年投資が集まっているアラブ首長国連邦を含むカは1人当たりGNIが多いb，経済制裁を受けているイランと戦災に見舞われたイラクからなるクは1人当たりGNIが少ないaである。1日当たり原油生産量は少ないが，1人当たりGNIが多いcは，工業化が進展し，OECDにも加盟しているトルコやイスラエルを含むキである。

48 （1）　正解は②

▨ アフリカ大陸の地形の分布を立体的に捉える力を測る。

アフリカ大陸は台地状の地形で起伏が少ないが，中南部やエチオピア高原からアフリカ大地溝帯（グレートリフトヴァレー）に沿った地域はやや高度が高くなっている。図1中，**標高500〜800m**の範囲は，海岸線に最も近く，広範な面積をもつ**ア**が該当する。それよりも標高の高い**1100〜1400m**は，南部の高原地帯が含まれる**ウ**が該当する。さらに標高の高い**1600m以上**は，北部のアトラス山脈，南部のドラケンスバーグ山脈，エチオピア高原などの山岳地帯が示されている**イ**が該当する。

（2）　正解は⑥

▨ アフリカの都市の位置から自然環境や歴史的背景の共通性を考察する力を測る。

Pの都市は**ギニア湾岸**から**中南アフリカ**にかけて広く分布している。特にナイロビやケープタウンなど，今日各国の首都や港湾都市に発展している都市が多いことから判断して，**ス**が該当する。

Qの都市は**サハラ砂漠の南部**に点在していることから，隊商路の拠点となるオアシス都市と考えられ，**シ**が該当する。

Rの都市は主に**アフリカ東海岸**に分布している。アラビア海，インド洋を隔てた商人との交易が考えられ，**サ**が該当する。スワヒリ語は**ケニア**や**タンザニア**などの公用語になっている。

49　正解は③

▨ 地域的背景を考慮しながら折れ線グラフの変化を読み取る力を測る。

北部アフリカは石油資源を背景に工業化が進み，経済水準が比較的高いことから，出生率，死亡率ともに減少している**イ**が該当する。中部アフリカは，経済が特定の一次産品の輸出に大きく依存し，経済発展が遅れている国が多いことから出生率，死亡率ともに高い**ア**が該当する。南部アフリカは，南アフリカ共和国を中心とした地域で，豊富な鉱産資源と工業化により経済水準は北部と同様に高い。しかし，1990年代後半に蔓延したHIV（ヒト免疫不全ウイルス）感染により死亡率が上昇した。よって**ウ**が該当する。

CHECK HIV感染者数は南アフリカ共和国が630万人と世界で最も多い（2013年）。

50　正解は③

土地利用に関わるヨーロッパ各地の自然環境についての知識を測る。

Dはスロベニアのカルスト地方で，石灰岩が広く分布しており，カルスト地形の用語の由来になっている。よって③が該当する。なお，①はポー川下流域のパダノ＝ヴェネタ平野の説明でC，②はパリ盆地に発達しているケスタ地形とその土地利用の説明でB，④はスコットランド地溝帯の説明でAが該当する。

51　正解は⑥

輸出品目と輸出相手国から北欧三国の貿易の特徴を考察する力を測る。

図1中，わかりやすいものから考えよう。スの輸出品の割合の多くは原材料と燃料が占めている。これを石油・天然ガスと考えると，ノルウェーが該当する。北海油田をもつノルウェーは，世界的な石油と天然ガスの産出国である。残るスウェーデンとフィンランドはともに似た輸出品目となっているため，表1の輸出相手国から考えよう。近隣の国との経済的結びつきが強いと考えると，ロシアが含まれるサはフィンランド，スのノルウェーやイギリスが含まれるシはスウェーデンが該当する。

52　正解は②

スペインとドイツにおける都市の分布の違いについて考察する力を測る。

まず，図2中の国土を4分割した範囲に含まれる都市数については，他地域に比べて極端に数が多いカの左上の11都市がいずれの国に該当するか考えるとよい。ドイツの北西部はライン川の下流域にあたり，ルール地方のコナーベーションを含むため，都市の数が多いと考えられよう。よってドイツが該当する。次に表1の人口規模上位5都市における日系現地法人数については，それぞれの国における，政治・経済などの都市機能の国家規模での集中の度合いを考えるとよい。Dは1位，2位の2つの都市に法人数が集中しており，マドリードとバルセロナの2大都市があるスペインが該当する。Eは5位までの都市に法人数が分散していることから，連邦制のもとで，国内各地に中核都市がみられるドイツが該当する。よって，カとEの組合せが該当する。

CHECK　ドイツの5大都市（都市的地域人口，2018年）

ベルリン（約355万人），ハンブルク（約179万人），ミュンヘン（約150万人），ケルン（約110万人），フランクフルト（約76万人）

53 （1）　正解は⑥

　北アメリカの地名の分布について歴史的背景を想起して推察する力を測る。

スペイン語はアメリカ合衆国南部の**メキシコ**との国境付近に多い**ウ**が該当する。メキシコでは旧宗主国の影響でスペイン語が公用語になっている。**フランス語はセントローレンス川流域**に多い**イ**が該当する。フランス人は新大陸にセントローレンス川流域からミシシッピ川流域に沿って入植した。カナダ東部のケベック州では現在もフランス語を話す人が多い。**ロシア語はア**が該当する。**アラスカ州**は、アメリカ合衆国が1867年にロシアから買収した。

（2）　正解は②

　さまざまな資料から重要な情報を読み取り、考察する力を測る。

　アに該当する**A**は、「他の集団と比べて人口が少ない」ことから**アジア系**と判断できる。距離的な隔たりもあって、アジア系移民の増加は1970年代以降のことであり、4つの人種・民族集団の中ではアジア系の人口が最も少ない。中国人や韓国人は教育熱が高いといわれるほか、知識集約的なICT産業では学歴の高いインド系の技術者も増えている。**イ**に該当する**D**は、「最近、急増している」ことから**ヒスパニック**と判断できる。ヒスパニックはカリフォルニア州やフロリダ州の農園労働力として存在感を高めているが、雇用機会の豊富な大都市にも多く流入している。なお、中間層が多い**B**は**ヨーロッパ系**、所得水準が低い**C**は**アフリカ系**である。

（3）　正解は③

　アメリカ合衆国の産業や都市に関する知識を活用する力を測る。

①**適当**。1,500億ドルを超える**ニューヨーク州**を含む北東部の州には、ボストン、ニューヨーク、フィラデルフィア、ボルティモア、ワシントンD.C.などの大都市が立地し、交通・通信網で結ばれたメガロポリスを形成している。

②**適当**。五大湖南岸の中西部の500億ドルを超える州は**イリノイ州**である。ミシガン湖南西岸の**シカゴ**は家畜産物の集散地であり、特に大豆やトウモロコシなどの穀物価格を左右する世界最大級の農産物取引市場がある。クリーヴランド（鉄鋼）が立地する**オハイオ州**やデトロイト（自動車）が立地する**ミシガン州**なども、金融・保険業の総生産額が比較的多いことが読み取れる。

③**不適**。南部の100億ドル未満の**ルイジアナ州**、**ミシシッピ州**などは**綿花地帯**にあり、綿花のほか大豆やトウモロコシの生産額もあることから、農業総生産額は最低位ではない。農業総生産額が低い州は、北東部の寒冷で面積が狭い州、西部のロッキー山脈中の平地と水に恵まれない州などが考えられる。

④**適当**。西部の50億ドル未満の州には、ロッキー山脈にある**ワイオミング州**、**モンタナ州**など人口密度が低い州が多い。

54 正解は⑥

移民数が多い国を分類しながら，それぞれの特徴を考察する力を測る。

P. カナダとアメリカ合衆国，ニュージーランドとオーストラリアは**近接している**。サモアもオセアニアの島嶼国であり，**ス**が該当する。

Q. 2015 年のニュージーランドとカナダで共通して移民が急増している国は**中国とフィリピン**である。いずれも経済発展しているアジア諸国で，**シ**が該当する。

R. 2015 年のニュージーランドとカナダにおける移民送出国の違いを説明しようとしているので，政策の違いについて言及した**サ**が該当する。具体的な違いは，ニュージーランドでは**オーストラリアとイギリス**が，カナダでは**イランとパキスタン**が上位国に含まれる点である。ニュージーランドについては地理的な距離や歴史的な結びつきで説明できる。これに対し，社会情勢の不安定な南アジアや西アジアからの移民が多いカナダについては，難民に対する積極的な受け入れ政策を進めてきたことで説明できる。

55 （1） 正解は②

北極海周辺地域の自然環境に関する基本知識を測る。

①適当。Aの地域はグリーンランドの内陸にあり，氷雪気候（EF）に属している。氷雪気候は最暖月平均気温が 0 ℃未満であるので，現在も氷床で覆われている。氷床は広い範囲に分布する大陸氷河のことで，現在ではこの**グリーンランド内陸**部と**南極大陸**のみに分布している。

②不適。永久凍土は北極海沿岸地域のほか，冬季に極寒となるシベリア東部に広く分布しているが，Bの地域を含むウラル山脈以西にはほとんど分布しておらず，誤り。

③適当。Cの地域は北緯 60 度の北側に広がり亜寒帯気候に属している。ユーラシア大陸の北緯 60 度付近は，東西に帯状にタイガが広く分布している。

④適当。Dの地域は北極海沿岸にあり，周辺は**ツンドラ土**に覆われている。ツンドラ土は地衣類やコケ類が分解が進まずに堆積し，泥炭化したものである。

（2） 正解は②

北極海周辺地域の気候分布を気候因子に注意しながら判断する力を測る。

ア. 冬季も比較的温暖で気温の年較差が小さく，年間を通して降水量が多いことから，暖流や偏西風の影響を受けるノルウェー西岸の**F**と判断できる。

イ. 最暖月平均気温が 10℃未満であることから，寒帯のツンドラ気候（ET）に属する北極海沿岸の**H**と判断する。

　ウ．気温の年較差が約60℃ときわめて大きいことから，大陸内部にあるGと判断
　　する。雨温図から1月の気温が-50℃近いことが読み取れるG地点は，北半球
　　の寒極といわれるオイミャコン付近に該当する。

（3）　正解は④
　■ 現代世界の動向に注意しながら北極海の近年の利用について推察する力を測る。
　①不適。北極海周辺では石油や石炭が開発されており，天然ガスも豊富に存在する
　　といわれるが，ウラン鉱は大規模に採掘されていない。
　②不適。北極周辺の壮大な自然や野生動物の見学ツアーなどの極地観光ツアーは，
　　民間企業によって活発に行われている。
　③不適。スカンディナヴィア半島から太平洋に至る北極海航路も考えられているが，
　　冬季には凍結するため，年間を通じて船舶が航行できるわけではない。
　④適当。温暖化による海氷面積の縮小により北極海の資源が開発しやすくなり，ロ
　　シアをはじめとする周辺諸国が，排他的経済水域をさらに越えて大陸棚などでの
　　資源開発の権利を主張している。

56　正解は⑨

　■ 流線図から導ける仮説と検証に必要なデータについて考察する力を測る。
　図に示された国際的な人口移動は，7か国からの矢印が集まるドイツのほか，フラ
ンス，イギリス，スペインなどに向かっていることが読み取れる。仮説Xに関して
は，イギリスに旧植民地のインドやパキスタンから，スペインにエクアドルからの
移動がみられるほか，北アフリカ諸国からフランスへの移動も盛んであり，検証す
る必要がある。ただしインド，パキスタン，エクアドルは「EU加盟国および周辺
国」ではないうえ，雇用や治安に関わるデータにも当たらないサ～スでは確かめる
ことができない。仮説Yに関しては，シェンゲン協定の発効によって主にEU域内
で「自由に出入国ができるようにな」ったものの，図から先進国どうしの相互移動
は低調であることが確認できるため，「大量の人口移動」という仮説自体が妥当で
はない。仮説Zに関しては，ドイツ，フランス，イギリスなどにEU域外のほか，
南ヨーロッパや東ヨーロッパからの人口が流入している様子が図から読み取れる。
この動きを「賃金水準の低い国々から先進国に向けて」の移動と判断するためには，
スの「1人当たり工業付加価値額についてのデータ」に基づいて各国の経済格差を
検証すればよい。

第5章 地図と地理的技能

 要 点

地形図とハザードマップ

>>> 地図で確認！

Q1 JR「ゆふいん」駅から「由布岳」を眺めた時の稜線の概略は**ア〜ウ**のいずれ？

Q2 地形図とハザードマップを基に考えると，「由布岳」が噴火した際にJR「ゆふいん」駅で生ずることが予想される被害は次の①〜④のいずれ？

　　①火砕流による駅舎の焼失　　　　②こぶし大の噴石による駅舎の損壊
　　③大量の降灰による駅舎・線路の埋没　　④溶岩流による駅舎の消滅

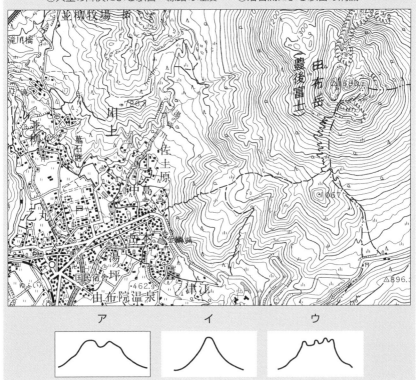

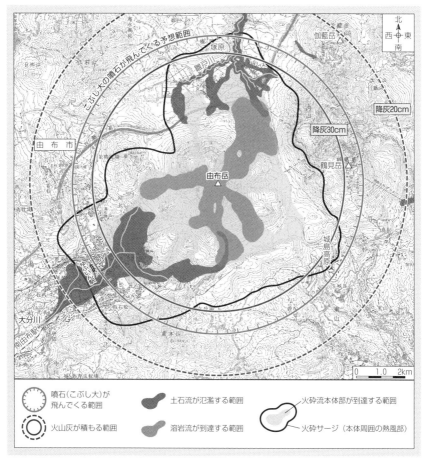

>>> 考察のポイント

Q1

● 1,300 m，1,400 m，1,500 m の計曲線を着色して，由布岳山頂部の起伏を正確に把握する

Q2

● ハザードマップで JR「ゆふいん」駅の位置を確認し，そこで予想される直接的被害を判読するだけでなく，間接的被害についても考察する

　➡ 火砕流本体部だけでなく，その周囲の熱風部（火砕サージ）の影響も考慮したい

解答　Q1　ア　　Q2　①

統計地図

≫≫ 地図で確認！

Q1 ある県の高等学校の分布を調べた結果を表現するのに適した統計地図が用いられているのは**ア〜ウ**のいずれ？

Q2 ある市の8月の最高気温を調べた結果を表現するのに適した統計地図が用いられているのは**ア〜ウ**のいずれ？

Q3 ある県で調べた市町村単位の外国人人口数を表現するのに適した統計地図が用いられているのは**エ〜カ**のいずれ？

Q4 ある市の地区（字）別の独居老人世帯比率の高低を調べた結果を表現するのに適した統計地図が用いられているのは**エ〜カ**のいずれ？

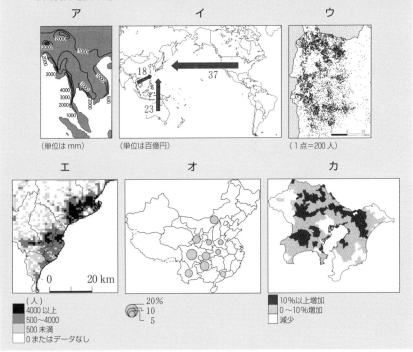

ア　　　　　　　　　　イ　　　　　　　　　　ウ

（単位はmm）　　　（単位は百億円）　　　（1点＝200人）

エ　　　　　　　　　　オ　　　　　　　　　　カ

0　　20 km

（人）
■ 4000以上
　 500〜4000
　 500未満
□ 0またはデータなし

20%
10
5

■ 10％以上増加
　 0〜10％増加
□ 減少

▶▶▶ 考察のポイント

● 統計地図は絶対値を示す絶対分布図と，相対値を示す相対分布図に大別される

● 等値線図（Qのア）：降水量や気温の分布状況などを示す際には，観測地点の値を基に等値となる地点を算出し，それらを曲線で結んだ等値線図を作成する

　➡ 等値線図は**絶対分布図**

　【例】降水量の分布図，気温の分布図，等高線図，等深線図，桜の開花予想日を示した図

● 流線図（Qのイ）：統計事象の移動状況を示す際には，**矢印の向き**で移動の方向，**矢印の太さ**で移動量を示す流線図を作成する

　➡ 流線図は**絶対分布図**

　【例】小麦や石炭など物資の輸出入状況を示した図，人口の転出入状況を示した図

● ドットマップ（点描図）（Qのウ）：統計事象の数量や分布状況を示す際には，ドット（点）を用いるドットマップを作成する

　➡ ドットマップは**絶対分布図**

　【例】人口の分布状況を示した図，乳牛や鉄鉱石など産品の分布状況を示した図

● メッシュマップ（Qのエ）：調査対象地域を等面積の複数の調査区に区分して，各調査区の統計事象の相対的な大小を示す際には，調査対象地域を一定面積で網状（メッシュ）に分割したメッシュマップを作成する

　➡ メッシュマップは**相対分布図**

　【例】国勢調査の結果（人口，世帯数，事業所数など）を調査区ごとに示した図

● 図形表現図（Qのオ）：人口や生産量などの絶対的数値を示す際には，円の面積や棒の長さなどで数値を表現する図形表現図を作成する

　➡ 図形表現図は**絶対分布図**

　【例】国・都道府県・市区町村別に種々の産品の生産量や人口などを示した図

● 階級区分図（Qのカ）：人口密度の高低や人口1人当たりの所得の多少といった相対的数値を示す際には，統計数値をいくつかの階級に区分し，パターンや色で塗り分けた階級区分図を作成する

　➡ 階級区分図は**相対分布図**

　【例】国・都道府県・市区町村別に人口密度の高低や人口1人当たりの所得の多少などを示した図

解答 Q1　ウ　　Q2　ア　　Q3　オ　　Q4　カ

日本

>>> **地図で確認！**

Q1 次の図中の**ア・イ**は，おもな火山の分布，1885年以降に発生した震源深度300km
以深の地震の震源の分布，1885年以降に発生したマグニチュード8.0以上の地震
の震源の分布のいずれ？

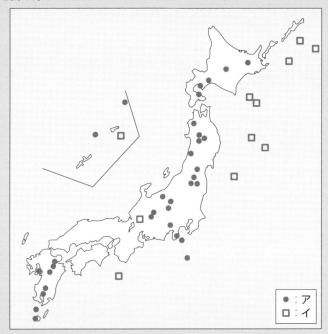

Q2 次の図は，各都道府県の総面積に占める耕地の割合，水田の割合，林野の割合（い
ずれも2020年）を3階級に区分したもののいずれ？

Q3 次の図は，各都道府県の農業産出額に占める果実の割合，畜産の割合，野菜の割合（いずれも 2020 年）を 3 階級に区分したもののいずれ？

>>> **ここがポイント！―日本の自然環境と第 1 次産業の特色**

Q1

●火山は，プレートの沈み込み帯である海溝から数百 km 離れて並走する火山前線（火山フロント）に沿って分布
●プレートの沈み込み帯で発生する地震の震源は，一般に海溝から近い場所で浅く，海溝から離れた場所で深くなる

Q2

●耕地率は平坦地の占める割合の高い都道府県で高くなる
　➡茨城，千葉，佐賀が上位 3 県（2020 年）
●林野率は平坦地の占める割合の低い都道府県で高くなる
　➡高知，岐阜，島根，山梨，奈良が上位 5 県（2020 年）
●水田率は裏作を行うことが困難な都道府県で高くなる
　➡東北・北陸地方の諸県で高く，果実・野菜の栽培や畜産の盛んな都道府県では概して低い

Q3

●農業産出額に占める野菜の割合は，近郊農業地域や輸送園芸農業地域で高い
●果実の割合は，果樹栽培が山地斜面や丘陵地を利用して行われるため，平坦地の占める割合の低い都道府県で高い
　➡和歌山・山梨など
●畜産の割合は，稲作や野菜・果樹栽培に適さず，都市から遠隔な都道府県で高い
　➡鹿児島，宮崎，岩手，北海道など

解答 **Q1**　ア：おもな火山の分布　イ：1885 年以降に発生したマグニチュード 8.0 以上の地震の震源の分布　**Q2**　水田の割合　**Q3**　野菜の割合

≫≫ 地図で確認！

Q4 次の図は，各都道府県の工業製品出荷額等（2018年），卸売業年間商品販売額（2019年）を3階級に区分したもののいずれ？

Q5 次の図は，各都道府県の第3次産業就業者比率（2017年），1人あたり都道府県民所得（2018年度）を3階級に区分したもののいずれ？

Q6 3期間（1950〜70年，1970〜90年，1990〜2014年）の都道府県別の人口増加率の状況を示したウ〜オを時代順に並べるとどうなる？

ウ

エ

オ

Q7　次の図は，各都道府県の合計特殊出生率（2019年），昼夜間人口比率（2015年），老年人口比率（2021年）を3階級に区分したもののいずれ？

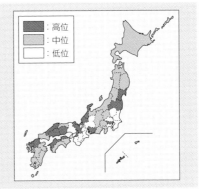

▶▶▶ **ここがポイント！―日本の第2次・第3次産業と都市・人口の特色**

Q4
● 工業製品出荷額等は，太平洋ベルトに位置する都府県が多い
● 卸売業年間商品販売額は，高次の中心地機能をもつ都市が位置する都道府県で多い
　　⇒ 東京，大阪，名古屋，札幌，仙台，広島，福岡など

Q5
● 第3次産業就業者比率は，都市部の他，観光産業が基幹産業の沖縄県や北海道でも高い
　　⇒ 医療・福祉関係従業者比率の地域間格差を背景に，「西高東低」の傾向を示す
● 1人あたり都道府県民所得は，都市部で高い水準となる
　　⇒ 沖縄県や北海道では高い水準とならない

Q6
● 高度経済成長期の1950〜70年頃は過疎・過密が顕著
　　⇒ 太平洋ベルトに位置する都府県での人口増加が顕著な一方，東北・四国・九州地方の諸県の多くで人口減少
● 1970〜90年頃は石油危機を契機に経済状況が悪化して過疎・過密が沈静化
　　⇒ ただし，東京都や大阪府の周辺府県はベッドタウン開発の進行により人口増加が顕著
● 1990〜2014年頃には少子高齢化の進行が影響し，人口が減少した道府県は再び増加
　　⇒ 大都市圏に位置する都府県も人口増加率が大きく低下

Q7
● 老年人口比率は，過疎化の進む地方農村部の諸県で高い
● 「一人の女性が生涯に産む子供の数の平均値」である合計特殊出生率は，東京都が1.15と最低（2019年）
● 「昼間人口÷夜間人口」で算出される昼夜間人口比率は，通勤・通学者が流入する場所で高く，流出する場所で低くなる
　　⇒ 東京都が117.8と最高，埼玉県が88.9と最低（2015年）

解答　**Q4**　工業製品出荷額等　　**Q5**　第3次産業就業者比率　　**Q6**　オ→ウ→エ
Q7　昼夜間人口比率

第5章　地図と地理的技能

問　題

57 次の図1中の立体地形図タ～ツが示す地形を等高線で表すと，下の図2中のX ～Zのいずれかになる。タ～ツとX～Zとの正しい組合せを，下の①～⑥のう ちから一つ選べ。

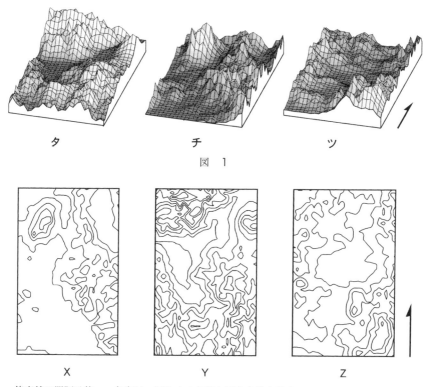

タ　　　　　　　チ　　　　　　　ツ

図　1

X　　　　　　　　Y　　　　　　　　Z

等高線の間隔は均一。矢印は，図1中の矢印と同じ方位を示す。

図　2

	①	②	③	④	⑤	⑥
タ	X	X	Y	Y	Z	Z
チ	Y	Z	X	Z	X	Y
ツ	Z	Y	Z	X	Y	X

〔2016年度本試 地理A〕

58 タロウさんは，京都府における人口変化の地域差と京都市との関係を調べるために，主題図を作成した。次の図1は，京都府の各市町村について，1990～2015年の人口増加率を，図2は2015年の京都市への通勤率を示したものである。図1と図2をもとに話し合った，先生とタロウさんとの会話文中の空欄XとYに当てはまる文の組合せとして最も適当なものを，後の①～④のうちから一つ選べ。

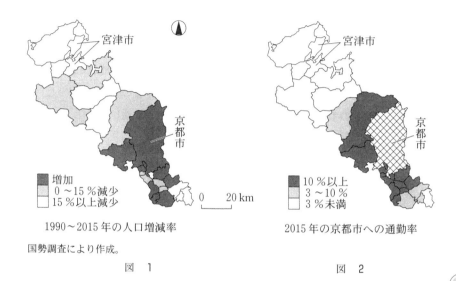

増加
0～15%減少
15%以上減少

0　　20km

1990～2015年の人口増減率

10%以上
3～10%
3%未満

2015年の京都市への通勤率

国勢調査により作成。

図　1　　　　　　　　図　2

先　生「京都府北部に位置する宮津市とその周辺地域では，1990年～2015年の人口がどのように変化していますか」

タロウ「宮津市とその隣接市町村では，（　X　）」

先　生「では，京都府南部の市町村では人口がどのように変化しましたか」

タロウ「（　Y　）が，京都市への通勤率が3%未満の市町村はいずれも人口が減少しています」

先　生「京都市への通勤圏であることと人口変化の地域差とは関係がありそうですね」

タロウ「ただ，京都市への通勤率以外にも人口変化に影響を及ぼす要因がありそうなので，もう少し調べてみようと思います」

（　X　）に当てはまる文

　ア　すべての市町村で人口が減少しています

　イ　人口が減少している市町村と増加している市町村があります

（　Y　）に当てはまる文

　ウ　京都市への通勤率が10％以上のすべての市町村で人口が増加しています

　エ　京都市への通勤率が3～10％でも人口が増加している市町村があります

	①	②	③	④
X	ア	ア	イ	イ
Y	ウ	エ	ウ	エ

〔2021年度本試① 地理A・B・改〕

59 　高校生のイズミさんは，岐阜県高山市の自然環境や人間活動にかかわる地域調査を行った。イズミさんの調査に関する下の問いに答えよ。

（1）高山市は2005年に周辺の9町村を編入合併し，全国で最も面積の大きな市となった。イズミさんは，高山市内の人口の地域的差異について理解するために，統計データを用いて主題図を作成した。次の図1は，高山市の標高段彩図と旧市町村別の人口密度，老年人口割合[*]，平均世帯人員数を示したものである。これらの図から読み取れることがらとその背景について述べた下の文章中の下線部①～④のうちから，**適当でないもの**を一つ選べ。

[*]総人口に占める65歳以上人口の割合。

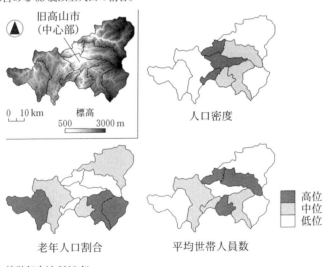

統計年次は2010年。
国勢調査により作成。

図　1

　人口密度は，①盆地に位置する中心部とその隣接地域で高い値がみられる。老年人口割合は，②中心部から離れた標高の高い東西の地域で高い傾向にある。平均世帯人員数は，中心部と縁辺部において低位にある。その主な理由として，中心部では，③隣接地域と比べて核家族世帯や単身世帯の割合が低いことが予想され，縁辺部では，長期間にわたる④若年層の流出や高齢者の死亡にともなう世帯人員の減少が影響していると考えられる。

（2）高山市の歴史に関心をもったイズミさんは，市街地を徒歩で観察した。次の図2は，高山市の中心市街地周辺を範囲とする2011年発行の2万5千分の1地形図（原寸，一部改変）である。図2から読み取れるこの地域の歴史的な特徴についてイズミさんの訪問した順路に沿って説明した文として下線部が**適当でないもの**を，下の①～④のうちから一つ選べ。

図　2　（図は $\frac{85}{100}$ に縮小 —— 編集部）

① 上二之町から南へ向かう通りでは，城下町の特徴の一つとして，戦時の敵の移動を遅らせるために，丁字路がつくられている。

② 城山にはかつて城が築かれており，市内を南から北へ流れる宮川は外堀の役割を果たしていた。

③ 吹屋町の北側から東側にかけては，寺院が集中しており，寺院に由来する町名のつけられている地区が確認できる。

④ 岡本町一丁目付近は，市街地が西部に拡大するなかで整備された地域であり，特徴の一つとして，苔川と並行する幹線道路に面して工業団地が造成されている。

〔2018年度本試 地理A・B〕

60 高校生のノゾミさんは，壱岐島（長崎県壱岐市）の地域調査を行った。この地域調査に関する下の問いに答えよ。

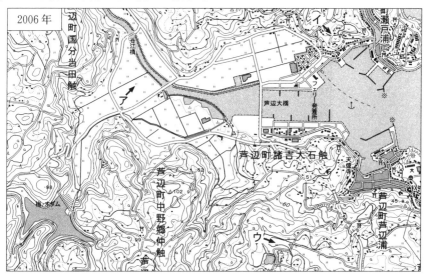

図　1　　（図は $\frac{85}{100}$ に縮小 ── 編集部）

（1）ノゾミさんは，芦辺港周辺を歩いて観察するうち，地形や農地の景観の違いに気づいた。次の写真1中のA〜Cは，図1（2006年に発行された2万5千分の1地形図，原寸・一部改変）中のア〜ウのいずれかの地点において矢印の方向を撮影したものである。A〜Cとア〜ウとの正しい組合せを，下の①〜⑥のうちから一つ選べ。

A

B

C

写真 1

	①	②	③	④	⑤	⑥
A	ア	ア	イ	イ	ウ	ウ
B	イ	ウ	ア	ウ	ア	イ
C	ウ	イ	ウ	ア	イ	ア

第5章

（2）壱岐島の離島としての特徴に関心をもったノゾミさんは，いくつかの社会的な指標から壱岐市と長崎県内の他の市町とを比較した。次の図2は，長崎県内の人口5万人以上の市の分布と，長崎県におけるいくつかの指標を市町ごとに示したものであり，E〜Gは，居住する市町内で買い物をする割合*，小学校の複式学級率**，人口1,000人当たりの医師数のいずれかである。指標名とE〜Gとの正しい組合せを，次の①〜⑥のうちから一つ選べ。

*購入金額に占める割合。通信販売による購入は他の市町での買い物に含める。

**全児童数に占める複式学級（複数の学年をまとめて授業を行う学級）児童数の割合。

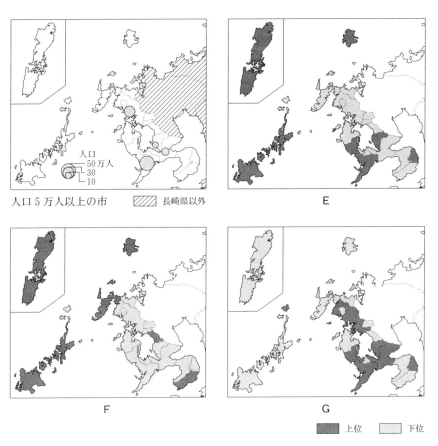

統計年次は 2012 年。
長崎県の資料により作成。

図　2

	①	②	③	④	⑤	⑥
居住する市町内で買い物をする割合	E	E	F	F	G	G
小学校の複式学級率	F	G	E	G	E	F
人口 1,000 人当たりの医師数	G	F	G	E	F	E

〔2017 年度本試　地理 A・B〕

61 東北地方に住む高校生のリサさんとユイさんは，北海道苦小牧市とその周辺の地域調査を行った。この地域調査に関する次の問いに答えよ。

（1）先生から借りた過去の5万分の1地形図（原寸，一部改変）を見たリサさんたちは，次の図1のように，苦小牧市周辺で多くの川が河口付近で屈曲し，流路が頻繁に変化していることに気づいた。川の流路が変化している理由を知るために，リサさんたちは，苦小牧市内の博物館を訪問して学芸員に質問した。リサさんたちと学芸員との会話文中の空欄ア〜ウに当てはまる語句の組合せとして最も適当なものを，後の①〜⑧のうちから一つ選べ。

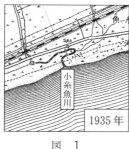
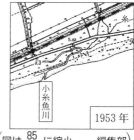

図　1　（図は $\frac{85}{100}$ に縮小 ── 編集部）

リ　サ「なぜ，この地域では図1のように多くの川が河口付近で曲がり，海岸線と平行に流れるのですか」

学芸員「苦小牧市の海岸は，直線的に砂浜が続くのが特徴です。これは，（　ア　）によって運ばれる砂の堆積が最も大きな理由です。他方で，この地域では（　イ　）になると，河川の流量が大幅に減少するため，河口付近が砂でふさがれて，川の流路がたびたび変わるのです」

ユ　イ「（　イ　）には，河川よりも海の運搬・堆積作用の方が（　ウ　）なるということですね」

	①	②	③	④	⑤	⑥	⑦	⑧
ア	沿岸流	沿岸流	沿岸流	沿岸流	潮汐	潮汐	潮汐	潮汐
イ	夏季	夏季	冬季	冬季	夏季	夏季	冬季	冬季
ウ	大きく	小さく	大きく	小さく	大きく	小さく	大きく	小さく

第5章

（2）リサさんたちは，苫小牧市内のいくつかの住宅地区を歩き，建物や街並みの特徴をメモした資料1と，1995年と2015年の年齢別人口構成を示す図2を作成した。図2中の力とキは，資料1中の地区dとeのいずれかにおける人口構成の変化を示したものであり，X年とY年は，1995年と2015年のいずれかである。地区dに該当する図と1995年との正しい組合せを，後の①～④のうちから一つ選べ。

資料　1

地区d　市中心部の社員用住宅地区

工場従業員とその家族向けの住宅団地。
空き部屋もいくつかある。冬に洗濯物を乾かせるよう，ベランダに覆いがつけられている。

地区e　郊外の戸建て住宅地区

30年ほど前に造成された地区。
車が2台以上ある家が目立つ。北向きの玄関には，屋根や覆いのある家が多い。

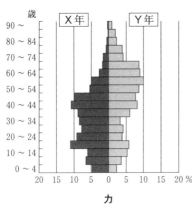

力

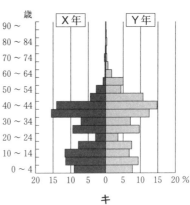

キ

国勢調査により作成。

図　2

	①	②	③	④
地区 d	カ	カ	キ	キ
1995 年	X　年	Y　年	X　年	Y　年

（3）現地での調査を終えたリサさんたちは，学校に戻り調査結果と地域の問題について次の図3を見ながら先生と話し合った。図3は，1995年から2015年にかけての人口増減を示したものである。また，会話文中の空欄Eには語句サとシのいずれか，空欄Fには文夕とチのいずれかが当てはまる。空欄EとFに当てはまる語句と文との組合せとして最も適当なものを，後の①～④のうちから一つ選べ。

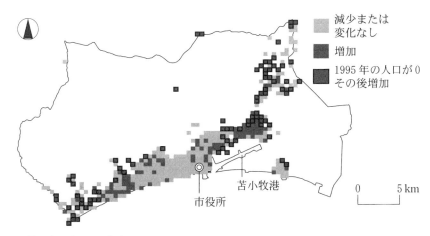

国勢調査などにより作成。

図　3

リ　サ「苫小牧市では，私たちの住む市と似た問題もみられました。空き店舗や空き地が増えたり，街に来る人が減少したりするなどの問題が，（　E　）側の市街地ではみられます」

先　生「同じような問題は，全国の地方都市でも共通してみられます。では，この問題の解決に向けた取組みを，構想してみてください」

ユ　イ「この問題の解決には，（　F　）が考えられるのではないでしょうか。この取組みは，温室効果ガスの削減にもつなげられると思います」

先　生「いいですね。今回の調査と考察を私たちの住む市でも活用してください」

（　E　）に当てはまる語句
　サ　市役所の西
　シ　苫小牧港の北

（　F　）に当てはまる文
　タ　郊外で大型の駐車場を備えたショッピングセンターの開発や，大規模なマンション の建設を進めること
　チ　利用者の予約に応じて運行するバスの導入や，公共交通機関の定時運行によっ て利便性を高めること

	①	②	③	④
E	サ	サ	シ	シ
F	タ	チ	タ	チ

〔2022年度本試　地理A・B〕

第5章

☐
62
☐ 　東北地方の高校に通うケイタさんは，山地にはさまれた岩手県北上市とその周辺の地域調査を行うことになった。次の図1の20万分の1地勢図（原寸，一部改変）を見て，ケイタさんの調査に関する下の問いに答えよ。

（編集部注）　図には一部設問と関係のない記号も含まれている。

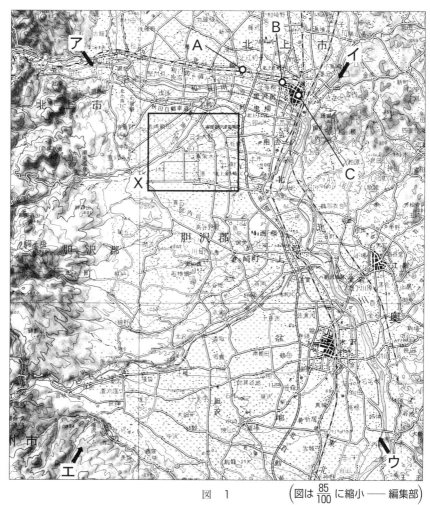

図　1　　　（図は $\frac{85}{100}$ に縮小 —— 編集部）

（1）現地を訪れる前に，ケイタさんは数値標高データを用いた鳥瞰図[*]から，北上
市周辺のおおまかな地形を確認することにした。次の図2中の①〜④は，図1中のア
〜エのいずれかの地点の上空から矢印の方向に見た地形の様子を描いたものである。
エに該当するものを，図2中の①〜④のうちから一つ選べ。

[*]高さは強調して表現してある。

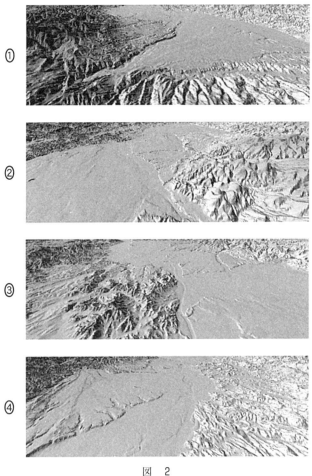

図　2

（2）ケイタさんは北上市内を散策し，場所によって道路沿いの景観が異なることに気がついた。次の写真1中の**サ〜ス**は，図1中の**A〜C**のいずれかの地点での景観を撮影したものである。**サ〜ス**と**A〜C**との正しい組合せを，下の①〜⑥のうちから一つ選べ。

サ

シ

ス

写真　1

	①	②	③	④	⑤	⑥
サ	A	A	B	B	C	C
シ	B	C	A	C	A	B
ス	C	B	C	A	B	A

〔2016 年度本試　地理A・B〕

63 高校生のヒロコさんは，次の図1の20万分の1地勢図（原寸，一部改変）に示した宇和海と宇和島市に関する地域調査を行った。この地域の自然環境と産業，暮らしに関連した下の問いに答えよ。

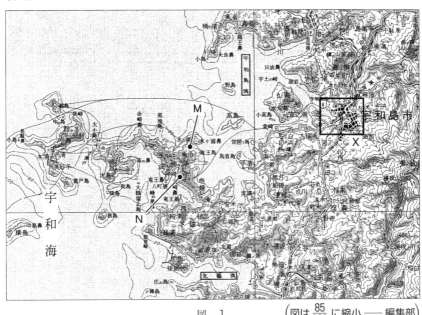

図　1　　　（図は $\frac{85}{100}$ に縮小 —— 編集部）

（1）ヒロコさんは，新旧地形図を比較して，宇和島市の市街地の変化を調べることにした。次の図2は，図1中のXの範囲における，1966年と2006年に発行された2万5千分の1地形図（原寸，一部改変）である。図2から読み取れることがらを述べた文として**適当でないもの**を，次の①〜④のうちから一つ選べ。

① 市街地と周辺地域を結ぶトンネルが開通し，宇和島道路が建設された。

② 市役所が移転し，跡地周辺の道路網が改変された。

③ 住吉山の西側の埋立地が拡張され，新たに官庁施設や港湾が整備された。

④ 保手の南側の水田が市街地化され，山側の斜面にも建物がたてられた。

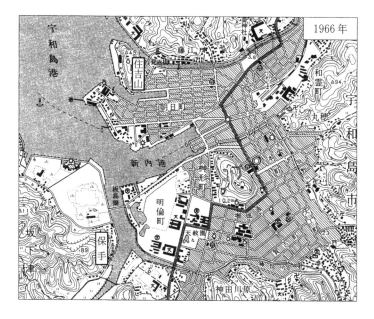

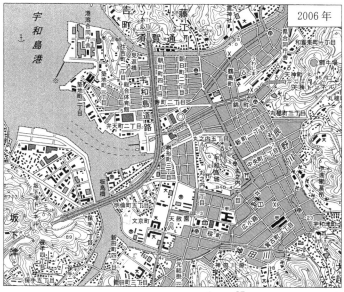

第5章

図　2　$\left(\text{図は } \dfrac{85}{100} \text{ に縮小 —— 編集部}\right)$

（2）ヒロコさんは，宇和島市の漁業について聞き取り調査を行った。次の図3は，
図1の範囲の主な漁業地区*別にみた漁業種類別経営体数の割合を示したものである。
下のヒロコさんと漁業者の会話文中の空欄ア～ウに当てはまる語の正しい組合せを，
次の①～⑥のうちから一つ選べ。

*共通の漁業条件のもとで漁業権や漁場を活用し，漁業が行われている地区。

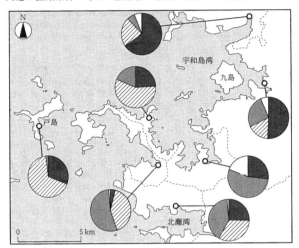

統計年次は2008年。
漁業センサスにより作成。

図　3

ヒロコ　「宇和島市では様々な漁業が盛んなようですね」

漁業者　「はい。流通の拠点となる宇和島市の市街地の近くに（　ア　）の割合が高
　　　　い地区がみられます。（　イ　）は，波が穏やかで奥まった湾が適しており，
　　　　このような湾を有する地区で割合が高いですね」

ヒロコ　「なるほど。地区によって漁業種類に特徴がみられるのですね」

漁業者　「その通りです。（　ウ　）は，水質の汚染を避ける必要もあり，潮流がある
　　　　外海に向かって開けた沿岸の海域が適しています」

	①	②	③	④	⑤	⑥
ア	漁船漁業	漁船漁業	魚類養殖	魚類養殖	真珠養殖	真珠養殖
イ	魚類養殖	真珠養殖	漁船漁業	真珠養殖	漁船漁業	魚類養殖
ウ	真珠養殖	魚類養殖	真珠養殖	漁船漁業	魚類養殖	漁船漁業

（3）ヒロコさんは，宇和海沿岸にみられる農業と自然環境とのかかわりについて調べることにした。次の写真1は，図1中のM地点とN地点で撮影した農業景観である。農業の特徴について述べた下の文章中の空欄カとキに当てはまる語の正しい組合せを，下の①〜④のうちから一つ選べ。

M地点でみられる農業景観

N地点でみられる農業景観

写真　1

　M地点では，集落背後の斜面に段畑（階段状の畑）がみられ，（　カ　）を防止するために石垣が築かれている。近年では，このような農業景観が地域の文化として再評価され，段畑を保全・活用するためにオーナー制度が実施されている。N地点のように，日射量が多く得られる斜面には果樹園が多くみられ，（　キ　）を防ぐために，果樹園を囲むようにスギなどが植えられている。

	①	②	③	④
カ	塩　害	塩　害	土壌流出	土壌流出
キ	干　害	強　風	干　害	強　風

〔2015年度追試　地理A・B〕

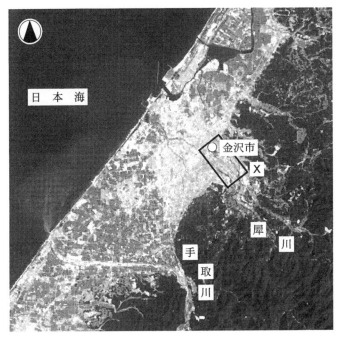

静岡市に住むケイジさんは，夏休みの宿題として祖母の住む金沢市の自然環境と人々の生活に関する地域調査を行った。ケイジさんは，衛星画像を見て金沢平野とその周辺にみられる自然環境の特徴を調べた。

図　1

　ケイジさんは，図1中に示したXの範囲を散策し，金沢市の歴史的文化遺産である辰巳用水に関して次の図2を作成した。図2を説明した次の文章中の下線部①〜④のうちから，適当でないものを一つ選べ。

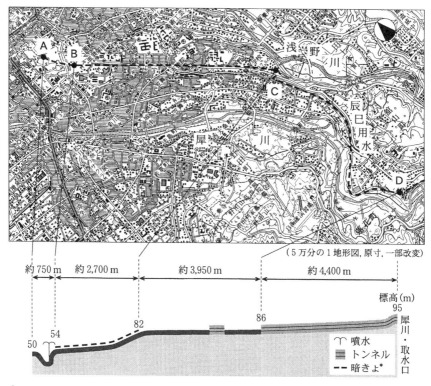

（5万分の1地形図，原寸，一部改変）

約750m　約2,700m　　約3,950m　　約4,400m

標高(m)
95
86
82　犀
54　　　　　　　　　　　川
50　　　　　　　　　　　　・
噴水　　　取
トンネル　水
暗きょ*　口

*コンクリートなどで覆われた水路。
金沢市の資料などにより作成。

図　2　　（図は $\frac{85}{100}$ に縮小 —— 編集部）

　辰巳用水は①犀川の右岸側を流れており，飲用水と防火用水の確保を目的として江戸時代に整備された。犀川からの取水口とA地点との②標高差は45mで，その間の距離は約11.8kmである。B〜C区間では③工場密集地を流れているため大部分が暗きょ化されている。また，D地点より上流のトンネルは，当時の土木技術を知る上で重要な国の史跡となっている。C地点周辺では④傾斜が急に変わっており，高低差を利用した逆サイフォン技術による噴水がB地点の兼六園内にみられる。

〔2013年度追試 地理A・B〕

65 関東地方の高校に通うサクラさんは，親戚が住んでいる静岡県中部（図1とその周辺）の地域調査を行った。この地域調査に関する次の問いに答えよ。

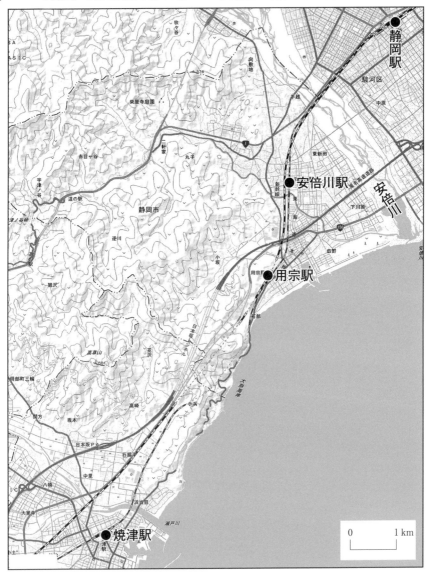

図1〜3は地理院地図により作成。

図　1

図　2

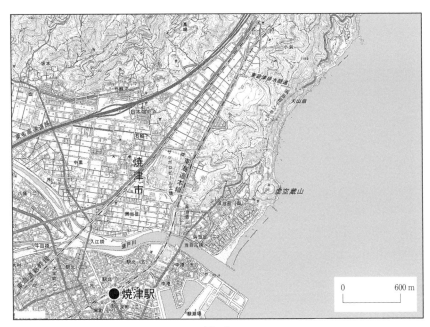

第5章

図　3

　サクラさんは，静岡駅で新幹線を降り，親戚の住む焼津市を訪れるために，図1中の静岡駅を午前10時に出発した列車に乗り，焼津駅までの車窓からの景観を観察した。図2は安倍川駅付近の拡大図であり，図3は用宗—焼津間の拡大図である。車窓からの景観を説明した文として最も適当なものを，次の①〜④のうちから一つ選べ。

① 　静岡駅を出て安倍川を渡る際に地形図と見比べたところ，地形図で示された位置と，実際に水の流れている位置が異なっていた。

② 　図2の安倍川駅を出発すると，車窓の進行方向の右側に山地が見え，市街地より山側の斜面は全体が針葉樹林に覆われていた。

③ 　用宗駅付近を走行している際に，日差しは進行方向の右側から差し込んでいた。

④ 　用宗—焼津間のトンネルを出た所からビール工場までの間，進行方向の左側に海が見えた。

〔第1回プレテスト　地理B〕

第5章　地図と地理的技能

57　正解は③

■ 等高線の分布から地域を立体的に捉える力を測る。

タ．立体地形図の左手奥に標高が高い山地，手前に標高が低い山地があり，それらの山地の間に谷が広がっていることを読み取ると，Yが該当する。

チ．図の左手奥に高い独立した山があり，右手に列状に山地が並んでいること，手前から中央部にかけて平地が広がっていることを読み取ると，Xが該当する。

ツ．図の手前右側，図の左端と右端に山地があり，中央部は広い平原が広がっていることを読み取ると，Zが該当する。

58　正解は②

■ 複数の階級区分図から正しく情報を読み取り，比較・検討する力を測る。

X．図1から，宮津市と隣接する市町村の人口増減率は，15％以上減少または0～15％減少のいずれかであることが読み取れる。増加している市町村は確認できず，アが正しい。

Y．図2から，京都市への通勤率が10％以上の市町村のうち，京都市の北西部に隣接する市町村をはじめ，6つの市町村で人口が減少していることが読み取れるので，ウは誤り。京都市への通勤率が3～10％の市町村は4つあるが，このうち府の南端部に1つ人口が増加している市町村が図1から読み取れるので，エは正しい。

59　（1）　正解は③

■ 階級区分図を正確に読み取り，地域的な差違の背景を考察する力を測る。

①適当。図1から盆地の中央で**人口密度**が高位であることが読み取れる。盆地の中心部は周辺の土地に比べて平坦で産業が集中しやすい。

②適当。図1から標高の高い南東部や西部の地域で**老年人口割合**が高位となっていることが読み取れる。斜面が広がる高地では産業が限られ，就業機会も乏しく，高齢化が進んでいる。

③不適。**平均世帯人員数**が中心部で低位であるのは，生活や就業に便利なため，核家族世帯や単身世帯の割合が高いことが要因と考えられる。

④適当。平均世帯人員数が縁辺部で低位であるのは，若年層の流出と高齢者の死亡による人口減が大きな要因と考えられる。

（2）　正解は④

■ 道路，標高，地名，地図記号などに注意して地形図を正確に読み取る力を測る。

① 適当。上二之町から南へ向かう通りが丁字路になっていることが読み取れる。丁字路は見通しを悪くして敵の侵入を遅らせる仕掛けで，城下町にはよくみられる。

② 適当。宮川は城山のすぐ左手を流れ，外堀の役割を果たしていたことが考えられる。宮川は「七日町一丁目」付近に上向きの矢印が描かれていることから北へ向かって流れていると判断できよう。また，市街地南部に 580.2 m の水準点，中央部に 574 m の標高点，北部に 569.9 m の三角点がみえるので，一帯は南から北に緩く傾斜していると読み取り，そこから北へ向かうと判断してもよい。

③ 適当。「吹屋町」の東には寺院が集中している地域があり，「宗猷寺町」，「天性寺町」などの町名がみられる。

④ 不適。「苔川」と並行して走る幹線道路に沿って家屋は集まっているが，工場はその東西に 2 つずつ，それぞれ離れた地点に立地しているだけである。よって工業団地が造成されているとは読み取れない。

60　（1）　正解は①

■ 景観写真から読み取れる情報と地形図を対比する力を測る。

A. 目の前に広範囲に水田が広がり，遠方になだらかな丘陵がみられることから，アが該当する。

B. 地形の特徴をとらえにくいが，自動車がみられることから手前を道路が横切っていると考えられ，イが該当する。

C. 写真の両側に山地が迫り，中央部の谷間の狭い平地に水田がみられることから，ウが該当する。

（2）　正解は①

■ 統計地図で扱う指標がもつ意味を理解し，地域的な差違を解釈する力を測る。

居住する市町内で買い物をする割合は，商業施設が充実している規模の大きい市町のほか，商店数が少なくても交通条件などで他市町への移動が制約される市町で高くなると考えられる。よって，人口規模が大きい南西部の都市（長崎市）や離島の市町が高位となる E が該当する。小学校の複式学級率は，学区内の児童数が少ない場合に上位になる。よって，長崎市から離れた過疎化の進む地域や離島が上位を示す F が該当する。人口 1,000 人当たりの医師数は，都市化の進んだ市町ほど上位になると考えられる。よって，長崎市のほか，人口が比較的多い市町（佐世保市，諫早市など）が高位となる G が該当する。

61 （1）　正解は③

▨ 都市の位置や新旧地形図から，地形の形成過程を推察する力を測る。

ア．**沿岸流**が該当する。苫小牧市の直線的な砂浜は，海岸に沿って平行に流れる沿岸流によって運搬された砂が堆積したものである。一方，潮汐は海岸を侵食する作用がある。

イ．**冬季**が該当する。日本海側の都市とは対照的に，太平洋岸に位置する苫小牧市は，夏に降水量が多く，冬は河川の流量が少ない。

ウ．**大きく**が該当する。図1をみると，1909年から時代を経るにつれて河口の位置が西側に移動していることが読み取れる。河川流量の減少する冬季には，河川の侵食力を，沿岸流の運搬・堆積作用が上回り，河口付近が砂でふさがれることが要因であると考えられる。

（2）　正解は③

▨ 年齢別人口構成とその変化を地区の特徴と関連づけて考察する力を測る。

地区d，eの年齢別人口構成の変化を示した図2をみると，まず**キ**の図は40歳前後の働き盛りの年代と，その子どもと考えられる幼年人口の割合が突出しており，その傾向はX年とY年で大きな違いがみられない。社員用住宅地区である地区dでは，住民の移出入が活発なため，働き盛りの年代とその子どもを中心とする人口構成に変化が生じにくいと考えられる。よって，地区dを**キ**と判断し，地区eは残る**カ**が該当する。郊外の戸建て住宅地区では，分譲住宅を購入した居住者が多く，居住年数も長くなる傾向がある。地区eでは住民の入れ替わりが低調であることを踏まえると，**カ**中のX年で40歳代とその子ども世代（10歳代後半）の人口割合が高く，Y年では60歳前後の人口割合が最も高くなっていることは，X年からY年に時間が経過して住民がそのまま高齢化したことを意味する。よって，Xには1995年が該当し，Yが2015年となる。

（3）　正解は②

▨ 統計地図から問題を発見する力と課題解決のための構想力を測る。

E．**サ**が該当する。空き店舗や空き地の増加は，居住人口の減少と結びつくと考えよう。図3をみると，市役所の西側は人口の減少・停滞地域が広範にみられることが読み取れる。なお，苫小牧港の北側では人口が増加している。

F．「街に来る人が減少」しているなどの問題を解決するためには，バスなどの公共交通機関の利便性を高めることが一つの方策であると考えられ，**チ**が該当する。郊外でのショッピングセンターの開発や大規模マンションの建設は，中心部における人口の減少・停滞や来訪者の減少をさらに促進することにつながり，

タは適切ではない。さらに，大型の駐車場の整備は，自家用車の利用を促すので温室効果ガスの削減に逆行する取組みといえる。

62 （1） 正解は①

▓ 鳥瞰図を手がかりに地勢図を立体的に読み取る力を測る。

エの地点から矢印方向に広がる地形の様子を，等高線を参考に読み取ろう。図の手前と前方左側に比較的高い山地が広がり，その間に小さな扇状地がみられるが，それらの山地以外は平坦な地形が広がっていることを読み取ると①が得られる。なお，②はア，③はイ，④はウが該当する。

（2） 正解は①

▓ 都市の中心・周辺地域の土地利用の様子を景観写真から読み取る力を測る。

サ．開発が新しい**一戸建て住宅**が建ち並び，余裕がある土地利用が行われていることが読み取れる。よって農地も残る郊外のAが該当する。

シ．広い道路に面して**大型の商業施設**がみられることから，郊外に延びる幹線道路沿いのBが該当する。

ス．**アーケードがある商店街**がみられ，建物が密集していることから，市街中心部にあるCが該当する。

63 （1） 正解は②

▓ 新旧の地形図を比較して，市街地の変化を読み取る力を測る。

①適当。2006年の地形図では1966年にはなかった宇和島道路が臨海部を通っており，地形図の上部と左下部にトンネルが通っていることが読み取れる。

②不適。市役所は2006年の地形図では宇和島城の北西に移転しているが，跡地周辺の道路網には変化がないことが読み取れる。

③適当。住吉山の西側の埋立地がさらに拡大し，「港湾合同庁舎」が整備されていることが読み取れる。

④適当。「保手」の南側にみられた水田は集落に変わり，「保手四丁目」のある山側の南斜面にも住宅が立地していることが読み取れる。

（2）　正解は②

▨ 地勢図，図形表現図，会話文を分析し，正しく情報を読み取る力を測る。

ア．市街地は図1中のXの地区にみられ，「九島」の東の対岸にある漁業地区と考えると，「**漁船漁業**」の割合が高いことが読み取れる。

イ．「波が穏やかで奥まった湾」の地区は，宇和島湾の南の奥まった地区や，北灘湾に面する漁業地区などと考え，「**真珠養殖**」の割合が高いと読み取れる。

ウ．「外海に向かって開けた」海域は「戸島」のある地区などと考えられ，「**魚類養殖**」の割合が高いと読み取れる。

（3）　正解は④

▨ 景観写真や説明文から2つの地点の農業の様子を類推する力を測る。

カ．M地点は半島の斜面にあり段畑がみられるが，この地域に設けられた石垣は，耕地を平らに保ち，斜面が崩れて土壌が流出することを防いでいる。

キ．N地点は半島の南斜面に位置している。海に面し，台風など海からの強風の影響を受けやすいため，スギなどを植えて倒木や果実の落下などを防いでいる。

64　正解は③

▨ 地形図と模式図を正しく読み取り，記述内容の正誤を判断する力を測る。

①適当。犀川は図2の断面図の高低と図1の衛星画像から判断して，地形図の右下から左中央に向かって流れていると考えられる。河川の上流から下流方向に向かって左側を左岸，右側を右岸と呼ぶことから，辰巳用水は犀川の**右岸側**を流れている。

②適当。図2の断面図から犀川からの取水口の標高は95m，A地点は50mと読み取れるので，標高差は95m-50mで45mと求められる。また，その間の距離は，取水口からA地点までの各地点の水平距離の合計により約11,800mとなる。

③不適。B～C区間の土地利用をみると，ほぼ「**総描建物**」（建物の密集地域を表す）となっており，工場密集地ではない。

④適当。犀川・取水口～D区間，D～C区間と比べると，C～B区間は水平距離が短い一方で，標高差が82m-54m＝28mと他の区間に比べて大きく，C地点周辺で傾斜が急に大きくなっているといえる。

65 正解は①

▧ 具体的なイメージを思い浮かべながら地形図を読む力を測る。

①適当。地形図中には安倍川の水が流れている位置が示されているものの，**実際の
流路は増水などにより堤防間でしばしば移り変わってきた。**

②不適。車窓の右側に見える山地の斜面は，大部分が**果樹園**で占められている。

③不適。**南に進行する列車から見て，右側となる西**からの日差しを受けるのは午後
になってからである。静岡駅を午前10時に出発した列車は，約6～7kmしか離
れていない用宗駅付近に数分で到達すると考えられる。

④不適。図1よりトンネルを出た所に「小浜」の地名が見え，そこから焼津駅まで
の様子は図3に示されている。「小浜」から「サッポロビール工場」付近までの
鉄道区間の東側（進行方向の左側）には**標高170m以上の山地**があり，海を見
ることができない。